追寻心中的日月光华

复旦本科生的故事

马莹　牛新春　主编

复旦大学出版社

造就自立自强的自己

袁　新

一所好大学，能够改变学生的一生。

在119年办学历史上，"复旦改变人生"的个案数不胜数，几乎每名学子都会留下自己的复旦故事。而在茫茫人海中，复旦人往往又能很快就找到彼此。是什么样的原因，让一代代学子能找到并走好自己的路，又能塑造出共同而独特的"复旦气质"？

本书从新鲜的视角、用鲜明的立场，引导我的同事、我们的学生乃至更广泛的读者去追寻答案。

这是一本基于自述的故事集。工作团队引导走过各种轨迹的复旦学子，讲述自己的成人、成长、成才之路。每个"故事"都是那么鲜活真实，擦肩而过又深入内心。一张张的鲜活的"自画像"互相掩映，绘成了复旦学子的群像。

这是一本发现自我的案例集。本书对于复旦的人才培养目标、体系、特色有丰富的集纳，但这些集纳并不以条分缕析的工作面目出现，而是化为一个个学生成长的案例。以学生为中心，去探寻成长规律，探究复旦的教育特色。

掩卷而思。

何以为复旦教育？更早的先按下不表，从20世纪80年代通才教育，到 90 年代完全学分制改革和文理教育，再到 21 世纪初高举通识教育大旗，进而新时代以来构建"2＋X"本科培养体系，探索"干细胞式"拔尖创新人才培养。复旦的教育理念和改革实践，始终把尊重学生个体个性、培养"完全的人"放在最突出的位置，把引领学生发现和造就自己作为最核心任务，把学校与学生互相成就作为最基本的办学逻辑。诚如李登辉老校长所言："须知造就学生者为学校，而造就学校者则为其学生也。"

"造就自己"厚植了复旦的育人文化，也源于复旦的文化土壤。复旦诞生在新旧分野、教育救国的年代，是中国人民间集资、自主创办的第一所高校。一代代长期奋斗，让复旦人骨子里带着自立自强的倔强，凝聚起"团结、服务、牺牲"的精神。年复一年，浸润出复旦人既饱含理想主义又重视解决实际问题的特质，肥沃了卓越而有趣的校园文化。

光阴荏苒。一届届复旦学子活泼地来、灵动地去，给复旦的"深水静流"带来无限活力，又给中国式现代化这条大河送去无数活力。

开卷有益。

本书用一面面"镜子"，基本映射出复旦本科教育的全貌，映射出复旦园里教与学的全貌。从事管理的同事，可以从中寻找办学之道。老师们可以借此更深入地了解学生，更深入地思考教学规律、成才规律。

而广大学子们阅读本书，就像唐太宗李世民照镜子。一正衣冠，从这些故事里多半能找到自己的影子，通过同辈之心走进自己的内心，更深入地发现自己。二见兴替，前人走过的路、体验过的甘苦,都是自己过好大学生活的明灯。三知得失,同伴的故事、走过的路都是自己的参考,最重要的是找到自己的路,成就一个更好的自己。

衷心祝愿每一名复旦学子,都能融会自立自强精神、造就更强的自己,将来为造就更强的中国贡献智慧力量。衷心祝愿我们的复旦,造就更多的国之栋梁,未来更加美好。

2024 年 10 月

礼　物

徐　雷

　　能进入复旦大学的，都是人中凤凰，天之骄子。每年3500名本科生，每个人都怀揣着对未来的憧憬，意气风发地进入复旦的校园。在他们的第一课上，老师们会不断地告诫他们，要尽快从中学的学习方法中走出来，学会在大学里学习。成为行政管理人员后，我也常常跟同学们说，复旦是个大宝藏，会挖、深挖，就会受益无穷。但如果只是被动地接受，学着各大学都差不多的课程，那就白白浪费了用那么高的分数千辛万苦考入复旦大学。

　　但到底什么是好的大学学习方法，应该怎么做？仁者见仁，智者见智。我很同意有的同学的这段话："我们只是从别人管理我的地方，来到了一个需要我自己管理好自己的地方。所以，虽说我们获得了精神和肉体的自由，但实际上却不免要承受更大的负担——对前途的迷茫。"作为行政管理人员，我们常常从供给侧考虑比较多，不过，这些供给，哪些是好的、有益的，并没有系统性的总结。作为教师，我们的经验，多数来自我们自己做学生那时的印象。然而，面向当下一张张稚嫩的新大学生脸庞，面对充满自信、个性张扬、独立自我的新生，我们的那些教条，也未必能打动新人。

　　直到我看到一本小书，《穿越金色光阴的哈佛人》，才豁然开朗。这本书不是很厚，却是历经十年，通过访谈一个个哈佛学生，汇总起来的重要结论。它告诉了我们，什么样的学习，最后会在哈佛收获满满，而什么样的习惯或方法，是无法适应在哈佛大学的。这本小书总结出来的几条要点，比如时间管理能力、课外的收获远比课堂内的收获大，等等，都让人印象极深。

这时候，一位 2013 级的新生在经过一段痛苦的挣扎后，给我发来一段短信。她说，"关于'为什么要上大学'或者是'大学生的竞争力'，包括曾经我在报告上提的'成长的无奈'的问题，"我想我已经找到了我自己答案"。"这一学期很辛苦，可以说一直都不适应，和各种'学霸'和'学神'相比，资质平平又没有良好习惯的我似乎走得更为艰难。但是我想，我很感谢在大学遇见的各路大神，让我明白自己的不足，我不会就此放弃自己，'成长'就是我上复旦大学的意义。在优秀的平台中更容易发现自己的不足，并借此机会不断努力向他们靠拢，并最终一同前行。因此，我的答案就是，只要不放弃，成长就不是无奈的，低调做事，理智前行，虽然很多事我现在做不好，但是我肯学，这些就是我认为我将来最大的竞争力。在这个过程中，不断提升自己的各种能力，就是我在复旦大学的意义。"

这段文字让我非常感慨，我曾在后续的新生入学教育时给全体新生转述过。然而，这仅仅是一个例子，我们需要更多的更全面的例子。

于是，几年后，我出任复旦副校长，分管本科生培养，和时任教务处长的蒋最敏教授一起提出，我们应该有一本自己的有关大学学习要点的书。我们邀请复旦大学高等教育研究所的牛新春研究员团队来完成这本书。牛新春研究员团队历时 3 年,通过采访几百位在校的学生、毕业生、老师,几易其稿,最终形成了我们现在看到的这本书。一个个鲜活的案例,一段段来自学生视角的或深刻、或灵动的感悟,让我这个老复旦人看了也是停不下手。一张张复旦人的脸庞,清晰立体地展现在我们面前。卓越而有趣的灵魂,充满思辨精神的头脑,从一个个故事里跳出来,告诉我们"何以复旦"。

我相信读过这些复旦本科生的故事后,无论你是我们复旦的学生、老师,还是一位想了解复旦的人,都会从中有所收益。

感谢牛新春研究员和她团队的努力,感谢校内智囊团多次提出的非常重要的修改建议,也感谢复旦大学出版社的努力,让这本书最终顺利完稿出版。我和蒋最敏处长说,这也可以算我俩留给复旦本科教育的一份"礼物"吧。

2024 年 10 月

目　录

前　言

在中国的顶尖大学中，本科生如何度过大学四年，成长为一个可以立足于社会、成就于社会的年轻人？复旦这所百年学府，位于引领时代、传统与开放并举的上海，又为她的本科生提供了怎样独特的成长机会？这本书借着近三百位复旦本科生所讲述的成长故事，总结复旦本科教育对学生的洗礼，也以一知万，窥见中国顶尖大学中那些富有成效促进学生成长的课内外活动。这本书写给有志于接受挑战的未来复旦人及其家长们，也写给刚刚入校的复旦新生。我们怀着双重的期望：让高中生在踏入校门前就看到复旦作为顶尖大学所能给予她学子们的日月光华，让已经进入复旦这样顶尖大学的学生在大学四年中不留遗憾而收获满满，预备好进入下一个阶段再次成长和突破。

顶尖的大学都一样，顶尖的大学又各有各的不同。一流的师资和课程、皆为群首的同辈、实力强劲的科研平台、丰富的社会实践和国际交流机会，这些是顶尖大学共同的底色；然而每一所顶尖大学又有其与众不同的一抹色彩。复旦大学的通识教育、灵活多元的发展路径与上海开放包容的文化同频共振。复旦的本科教育看到的首先是学生这个人的价值，进而开创了复旦毕业生丰富多彩而又富有成就的职业发展道路，也最终在从人文到信息技术、从医药到公共管理各个领域，造就复旦人成长为国家社会的精英栋梁。

我们访谈了走过各种轨迹的复旦学生。既有踏入复旦校门之前就知道自己的方向、优秀到发光的学生，也有不知所措、跌跌撞撞摸索前行的慢热者；既有一路领先到毕业的佼佼者，也有入校时因为突然学业"一般"而经历低谷的爬坡学生。既有学生在数学、历史这样的传统学科里孜孜以求，也有学生从中文大步跨越到 AI。复旦对每个学生的发展都坚持高标准，从不降格以求，同时又尊重每个学生独特的人生选择和生长轨迹，辅助每个人的"成人之路"。这本书的目的是展示给未来和当下的复旦人，无论你进入复旦时是怎样的状态，只要你有学习和探索的勇气，复旦都能带你到一个更高的地方。

光华楼，图片来源：复旦招生 https://mp.weixin.qq.com/s/lwuz16LVSsSKivvAStQ6Sg

受访学生来源

参与本书大规模访谈的学生有四种来源：本科生满意度调研、学业成绩记录、校内活动名单、校友名册。本科生满意度反映了学生作为受教育主体对大学经历的主观评价，已经成为高等教育质量评价的重要依据，我们访谈了对就学经历非常满意的学生，也访谈了心怀遗憾的学生，这让我们一方面总结出造就学生的各种活动和资源，一方面也梳理学生容易忽视和错过的教育环节，甚至复旦这样的顶尖大学依然存在需要持续提升的地方。有些学生进入复旦后不可避免地成为"中等"学生，我们从学生的成绩单看到不少这样的学生从中等持续地进步，我们好奇在这个过程中他们是如何有效利用了学校的各种资源。其实踏入大学，学业就已经不再是唯一重要的活动了，所以我们访谈的名单还包括校内科研立项名单、海外交流名单、校园大师剧演职员名单。近几年毕业的复旦校友也是我们访谈对象的重要来源，因为长效性是复旦通识教育、灵活多元的发展路径的特性。和校园生活拉开了一段距离，校友们以其在职场、研究深造的体会，更清晰地反思复旦本科教育的独特价值。

全书结构

本书共有六个章节，纵向结构复旦最有效的育人实践，横向贯穿学生如何利用好这些资源。第一章作为引入，讲述来自不同学科的六位学生在复旦经历了怎样不同的生涯发展路径，点出有效的本科教育有赖于大学的平台、资源以及学生的自主努力，二者缺一不可，着重落在五个层面上，即第二章至第六章的内容。

第二章呈现受访学生从大学精神中吸取力量，形成独特的"复旦人"气质；第三章总结受访学生认为最有效的第一课堂、第二课堂经历，练就应对未来的硬核技能；第四章、第五章刻画了复旦的老师和同学，给学生留下深刻印象的老师如何为人为学而赢得了学生的心，成为毕生伙伴的同学是什么模样又是怎么收获的。第六章则呈现了在复旦本科教育的整体氛围下，学生如何通过向内的求索，获得独特的突破和成长，走上丰富多彩的发展路径。

第二章到第六章每一章都包括议题、有效育人实践、结语三个部分。议题即本科生面临的关键抉择或挑战，通常也涉及公众，尤其是高中生和家长对大学教育持有的常见误区，比如大学精神究竟是什么，通识教育和专业教育如何平衡，课外活动到底有什么用等。章节主体内容是有效育人实践，这是从众多受访学生的故事中直接总结出来的。有些是我们在成书之前可以预见的，比如大先生之风骨对学生潜移默化的影响，也有些是我们没有预见到的，比如好老师能"看见"学生的潜能，促其面对自己、挑战自己、成就自己。每章最后的结语部分则尝试基于这些有效育人实践，为已经和即将步入复旦这样顶尖大学的学生提供一些建议。

五点结论

复旦本科生分享的经验和感受，在中国其他同类大学中也具备一定程度的普遍性。我们希望未来的本科生,通过阅读这本书而有所反思,能够更好地利用大学期间这关键的几年,为长远的人生打下更坚实的基础。

在做访谈、分析、思考、写作的两年多时间里,我们不断反复贴近又抽离出一个个复旦本科生鲜活的生命历程,将他们所有体验和思索中浮现出来的有效经验凝结成各个章节。在此,跳脱出章节结构的限制,我们想率先分享更加概括性的一组建议。这些建议同样完全忠实于访谈中所得到的"研究发现"。读者可将它们理解为本项目得到的更为抽象的五个"研究结论",亦可将其作为阅读后续章节的一点"剧透"和指引。

第一,我们发现,大学适应是所有新生的课题,这个课题的主题词是主动性。俗话讲不破不立,对从中学进入大学的广大中国学生而言,首先要认识到这是两种极为不同的学校,中学有"考上大学"这个明确的外部目标,围绕这个目标学生们形成了许多行之有效的经验,但这些经验恰恰可能会让人无法适应大学的挑战。从访谈中我们总结,中学到大学的适应性挑战主要体现在省思外界评价标准,不再仅仅追求可量化的学业表现,而是树立自己的发展目标,找到自己的那条路。不少受访者提到进入大学后,他们逐渐在复旦提供的丰富的学习和实践机会中意识到成绩并不是唯一或最重要的自我评价标准,更要紧的是找到自己真正感兴趣的方向。大一的通识课程、书院提供的科研初体验、多元的社团活动和社会实践机会等,都能成为他们反思自我评价、拓宽认知边界、体悟自身兴趣的契机。在这些过程中,部分本科生完成了自我身份的重新构建,不再只是做一个为既定目标奋斗的"好学生",而是逐渐独立，积极发挥主动性，做自己大学教育的第一责任人，为自己树立目标，面向未来的生活去准备自己。而这正是我们希望在更多本科生身上见到的变化。我们并不希望任何一个读者成为书中的某某某，而是以他们的故事和思索为参考，"成就最好的自己"。

第二，那些能充分利用大学资源"成就最好的自己"的学生有着一份并不显见的共性——能定位时代中的我，世界中的我。也就是说，这些学生做到了向外联结，将自身和未来生活锚定在与世界、时代、社会紧密相连的某项事业中。在充斥着诸如精致利己主义等概念的媒体声浪下，我们感到受访学生向外联结的努力尤为震撼。与所处的时代同呼吸共命运，绝不是一句陈词滥调，而是许多学生的一致选择。在受访者的诸多志愿中，有为祖国解决"卡脖子"技术难题，有坐住学术研究的"冷板凳"，有保护文物到下一个千年，有利用自媒体为弱势群体拆除信息壁垒……这些多样的志愿都不是拍脑袋的想法，而是学生在复旦提供的巨大探索空间中逐步确认的。无论是开放灵活的选课、转专业、2＋X培养体系，还是多彩纷呈的社团、志愿、学工、实践、科研机会，还是游学课程、服务性学习课程、海外交流等等，还是无时无刻不在发生的师生间、生生间的互动，都为每一个愿意尝试、愿意行走、愿意思考的学生提供了联结自己和"外面的世界"的无限可能，最终汇聚成他们对自己的兴趣、志向和位置的逐步确认，成为他们往后人生的关键锚点。

第三，我们看到，学生联结"外面的世界"时总是伴随着向内求索、拓展自身认知、磨炼硬核技艺的努力。在访谈过程中，最令我们感动的，就是受访学生共同散发的无限的生命力，仿佛永远都要向着"更好"去拼搏、去战斗。尽管不少学生自嘲"内卷"，但我们极少看到理应相伴"内卷"而生的盲目。相反,他们对自己正在接受的教育、面临的挑战、自己身上发生的变化、自己想要寻求的成长有着很强的反思。他们拒绝成为外部评价体系的傀儡,而是追求对自身进行修炼。这包括但不限于通过通识课程养成人文观念,克服狭窄的工具理性;通过小班研讨课、本科生科研、荣誉项目等教育形式磨炼硬核技能、素养,成长为多边形战士;通过参与大师剧、志愿活动、海外交流等修铸品德,磨砺意志;通过艺术与体育活动涵养身心,平衡生活……那些公认发展得最好的学生通过大学经历从外和内两方面塑造平衡的自己,既看得见未来的远方,也懂得如何抵达。

　　第四,师生和同伴间的非正式互动对"抵达远方"的影响可能是长久以来公众对于大学的想象中极受忽略的一点。但"大先生"和"好同窗"恰恰是一流大学最重要的资源。我们发现,受访者在本科期间的成长往往是伴随着人际互动发生的。很多时候,他们不见得最先把自己的成长和大学提供的其他资源和机会直接联系起来,却常能举出一个对其影响很大的集体或个人,以及与其相关的一些在记忆中将持续保鲜的事件、时刻、对话等。那些在专业发展、生涯选择、个人成长的道路上,令受访者铭记的人包括任课教师,书院导师,班级辅导员,本科生科研项目导师,读书会、习题课或实验室的师兄师姐,社团和学工各部门的指导老师,运动队的教练,室友,竞赛伙伴等。所有人因为复旦而相聚在一起,彼此碰撞激发,产生巨大而深远的影响。这些关系,同时也是从大学校园离开后,受访者所能拥有的除了文凭以外的最为实质的纪念。本书中,我们专门单列了两个章节来呈现访谈中浮现的各种各样的师生和同伴互动形式和它们带给受访者的影响,正是为了凸显人际互动在大学教育中不可取代的关键作用。

　　第五，我们发现学生真正的自我成长必然伴随着探索和容错的空间。这本关于复旦学生如何有效度过本科阶段的书虽然难免会给读者营造一种"优秀者继续优秀"的叙事感，但实际上，没有任何一个受访者的本科经历是真正顺风顺水的。每一次成功的背后都有失败的累积；每一个抉择都堵住其他可能性；每一次转变都伴随风险；每一分努力都可能付诸东流……纸面之上和纸面背后，是受访学生经历的那些挫折、失败、打击、彷徨和焦虑。受访本科生最感念的是学校给予的包容的氛围，充分的探索、试错的空间，以及高标准、严要求的培养实践。正是这样宽严相济的复旦成全了复旦学生多元而卓越的发展。所以在给未来学弟学妹提出建议时，这些受访者最强调的也是要在这样的空间中去探索："要勇敢地去尝试！试试并不会损失什么，但不试试怎么知道呢?"

江湾校区银杏树，图片来源：复旦招生 https://mp. weixin. qq. com/s/lwuz16LVSsS KivvAStQ6Sg

项目团队

这本书是过去两年多整个团队合作的结果。参与访谈的 220 名复旦大四学生和 35 位校友的故事构成了本书最重要的基础。部分章节内容也参考了曾参与本科生科研项目和海外交流项目的学生的总结材料，以及对相关负责老师的补充性访谈。所有学生、校友和教师的名字在书中都做了化名处理。

研究项目由复旦大学教务处策划、高等教育研究所实施，牛新春、马莹老师主持，陆一、熊庆年老师参与了前期策划和后期制作。进行访谈的科研团队由高教所教师马莹、王欣欣、卜尚聪，以及毕业生郑雅君、徐玉珍、汪卫平带领。于 2022 至 2023 年间先后参与访谈工作的还包括高教所的博士和硕士研究生丁伟伟、董子婧、高振超、高子博、郭帅安、胡平平、黄欣容、李静怡、李真真、刘河清、刘沥尉、刘明哲、孙舒铱、唐义慈、田静、佟为、王辉、王镜然、王丽丽、王琪楹、王娴娴、王新雨、王颖、吴晓至、谢金、熊艳青、徐文清、杨柳一、杨玉倩、伊慧、殷献奇、韦姿吉、张贵军、周智鑫、朱梦琦，以及复旦历史学系田文娟老师、化学系杨慧丽老师。刘河清、朱梦琦、王娴娴、谢金同学承担了部分项目管理工作。胡平平、黄欣容、刘河清、刘沥尉、田静、王娴娴、杨柳一、杨玉倩、张贵军、周智鑫、朱梦琦同学参与了书稿筹备工作。高教所硕士毕业生肖钰周担任全文统稿的工作。各章节的结构、主题乃至内容都经过团队的讨论，主要执笔作者如下：

第一章　追寻志趣之光　……徐玉珍

致谢

　　复旦大学教务处范慧慧老师始终第一时间协调成书过程中的各种需求。学生工作处的盛情老师和黄洁老师一直深度参与本书议题选择、提供参加主题访谈的学生名单。原学生发展中心的徐姗姗老师,教务处孙兴文老师、应质峰老师和刘丽华老师,通识中心的才清华老师,本科生院徐珂老师和钱榕老师,国际合作与交流处的唐文卿老师,团委朱逸骏老师和王睿老师对于落实校内各种活动学生名单提供了不可或缺的支持。徐瑾老师、赵强老师曾分别担任复旦学工部长、团委书记,对本书议题提供了非常重要的建议。曾经主管复旦本科生教育的副校长徐雷老师真切关注本科生的成长发展,是本书能够完成的最坚强的后盾。

主编:马莹、牛新春

2024 年 7 月

第一章　追寻志趣之光

大学本科生活是什么样的？如何度过自己的大学时光？几乎每个高中毕业生都对此充满期待和向往。然而，规划自己的大学生活、摆脱时常涌现的迷茫情绪，并找到为之努力的动力和目标绝非易事。面对精彩纷呈的校园生活，做单项选择还是多项选择？听从内心还是遵从外界？走少有人走的路还是跟随众人的脚步？选择别人眼中的好专业还是自己心有所属的冷门专业？选择自己感兴趣的课程还是容易拿高分的课程？侧重社团还是功课？扎根科研还是兼职和实习？选择本校直升还是留学海外？对于大多数本科生来说，这些都是不容回避而又非常困难的抉择。

　　这一章讲述了六位复旦本科生的故事。他们有着不同的背景，进入了不同的学科，经历了不同的迷茫，付出了不同的努力，最终从包容多元的复旦走向了迥异而精彩的人生道路。他们各自回溯大学时光，讲述如何借助复旦课堂内外的资源，寻找到适合自己的那条生涯道路。点亮这些旅程的事件各有不同：有灵活自由的培养方案、鼓起勇气开启的师生交流、经由学长学姐介绍的实习机会、通过寒暑假实践项目认识到的社会真实、跌跌撞撞的科研试水、全力以赴的专业竞赛、不拿学分的课程讨论，以及通识课程中的灵感和想法等等。这六个故事是无数富有成效地度过了本科阶段的复旦学子的缩影，其中蕴含着如何"上好大学"的秘密。

从中文到 AI 的跨学科旅程

2018 年，徐同学进入复旦中文系学习。四年后，她成了本校计算机系的直博生。借着她对复旦本科经历的回忆，我们把她的故事层层剥开。令人惊叹的是，她付出的不懈努力与复旦多元包容的培养模式是如此相得益彰，最终结出了跨学科发展的美好果实。

·基本情况·

徐同学-2018 级中文系-上海，2022 年进入本校计算机系直博项目。

我还发现一个有趣的现象，就是我知道的那些转专业或者跨专业跨度比较大的同学，都是（在）上课的时候产生这种（学科）交叉的想法的。这也不一定是（发生在）通识课，我们系语言学的许多老师本来也是（有）跨学科的视角。我们（在复旦）其实选课很自由，我觉得胆子大一点的话，学一学，一定能找到自己感兴趣的方向。

——徐同学

徐同学带着长年对古代文化的兴趣和对学术生活的懵懂憧憬

进入中文系就读。然而,大一第一学期的学习,尤其是写评论型论文的体验,让她对中文学术道路泛起了疑虑。徐同学回忆道:"我感觉这可能不是我会一直做下去的研究,可能缺少一些实证的方法来检验你的想法是不是对的。我个人不是特别感兴趣。"

与此同时,复旦大一学生必修的编程课(Python、C 和 VB 三选一)和计算机系黄老师开设的通识模块课《计算思维》,为她打开了新的大门:

> 当时我看(到),通过这种神经网络的算法,你可以把每一个词变成一个空间里的向量,你可以去研究这些词具体存在什么关系,用这个东西去进行各种各样数学上的计算,而不只是传统的统计手段。类似这样的计算机工具本身就有很大的想象空间,我觉得特别神奇!我当时觉得(自己)可能想探索计算语言学的方向,用人工智能或者其他的技术来研究语言背后的规律,(感觉)特别有吸引力!

带着尚显模糊的方向感,徐同学向黄老师请教她需要做哪些准备。"黄老师就跟我说,你大概要去把一堆数学课上完,包括高数、微积分、线性代数,还有概率论和数理统计;然后还有一些计算机的课,包括算法和数据结构、自然语言处理、神经网络、机器学习之类。"

同时,徐同学咨询了中文系语言学方向的老师,得到了相似的建议,并因此结识了早些年从中文系毕业后赴美国 MIT 攻读计算机方向博士学位的学长。就这样,打定主意、做好计划的徐同学在大二分流到了中文系的语言学方向,希望能"了解到自然语言处理技术,跟语言学结合,分析语言背后的规律"。

复旦实行学分制,学生实际可以在全校范围内自由选课,这种选课制度的灵活性和徐同学自身的勤学,让她早早开启了一版"为自己量身定制的培养方案":

> 计算机(专业)那边想学的课,我都选上了,努力抢还是抢得到的。因为我知道抢别的(院系的)专业课比较难,所以我每次都是提前压着时间去抢,所以都抢到了……每次上数学课或者上NLP(即自然语言处理)相关的课之前,我都会在假期把国外的网课先看一遍,国外有很多MIT(即麻省理工学院)或者斯坦福的网课,有的也有作业。

当被问及为何不直接转到计算机专业时,徐同学表示:"就我的情况来说,计算机系很多课其实不是必须要修的,他们还有很多其他数据库、操作系统等方面的课程,跟计算语言学的关系比较远……反而在中文系,我没有觉得修了很多没有关系的课。"

到大二下学期,徐同学上完了基本的数学课程,她想到自己"还没有动过手,是不是可以做一些计算机的项目"。于是,她在大三选了黄老师的自然语言处理课,该课程的期末作业是一个自己选题的小项目。因为观察到人们在生活中会遇到想用古诗词表达情感,但一时找不到特别合适的诗句的情况,徐同学尝试利用古诗词的译文和赏析文本训练了一个模型,让它能够根据关键词快速匹配表达相似情感的诗句。她回忆:"我对当时做的方法还比较满意,现在想想,应该有很多更好的方法,但当时做的时候还挺兴奋的。"

这类理论联系实践,要求学生进行创新的课程,让徐同学受益良多。她还分享了大三下学期修读的计算机系邱老师的一门课:"这门课关于机器学习,也是有好几个小的项目,主要是让学生去实现老师讲的一些机器学习的算法,还要探究一下这些算法,做一些自己的引申。那门课事情也不少,但上下来感觉收获很大!"

由于徐同学在课程中的积极表现,大三下学期,黄老师邀请她加入其实验室的组会。"其实我当时完全不知道我能干什么,反正听听组会。组会上讲的东西(我)一开始也听不太懂,反正就努力仔细听。"徐同学说,"那时(我)正好也在上邱老师的课,就一边学那些算法,一边做点实验,慢慢大概知道了一点东西,但是这些我感觉都还是在上课的阶段。"

大三结束,在黄老师的鼓励下,徐同学开始琢磨自己真正意义上的第一个科研项目。在这个过程中,她一方面经历了自己本科生涯中最大的难题:从学生到科研工作者的转变,"要额外做许多事情,想研究问题确实非常困难,做实验也要付出很多的时间和努力";另一方面,在这个转变过程中的收获同样超乎她的想象:

必须重新学习。(科研方法)刚开始可能很难掌握,需要自学。当时黄老师建议我研究模型的解释性。例如 GPT 模型,它能生成流畅的文字,但我们不知道它是如何做到的。这个模型很大且复杂,内部机制我们并不了解。解释性研究就是解释模型究竟在做什么,为什么能生成这样的结果,它的缺陷又是由什么机制引起的，它能做什么，不能做什么。从语言学角度分析也有用，因为我们想知道模型是否掌握了人类的语法知识或词汇知识，是否具备了我们认为人类需要的语言学知识，以完成这些任务……

我阅读了很多解释性研究的论文，但选择题目仍然很困难。后来我想是不是做一些实验，看看会出现什么现象。然后我开始做实验，需要搭建环境，连接服务器，这些都是课堂上没有教的，需要重新学习。（我）就在网上查，我觉得文科生上手真的挺慢的，而且还有一点，因为我做的方向想和语言学结合起来，但是实验室里没有其他人做这个方向，所以其实主要还都得自己想，这个也会稍微有点累……

后面（我）写第一篇论文是（因为）我看到那个模型有神奇的跨越语言的效果——如果你给它各种语言的文本，（把）140多个语言的文本全都给它一起去训练，之后你再给它一些英语的数据，跟它对话，或者你直接把它拿去处理中文，它好像也（都）可以，效果也不差，就很神奇。我当时做第一个实验，就是看这个模型经过某一个特定语言的训练以后，它迁移到别的语言上效果怎么样。然后你会发现（实验结果）其实符合语言学理论对语言之间关系的基本看法，就是如果两种语言（在结构上的）差异比较远，比如英语和中文，它的迁移效果就比较差，如果差异近，迁移效果就好，比如英语和法语。

我的第一篇论文就是从这个角度解释这个模型的跨语言迁移效果差异到底是什么导致的，是不是反映出语言本身背后的差异。它的启示就是可以用语言学的知识去选一些（迁移效果)比较好的源语言,然后去迁移到可能效果不那么好的一些低资源的语言上面。

这一段经历不仅让徐同学成功跻身合格的"科研人",还进一步坚定了她对语言学和计算机科学进行跨学科研究的信念,因为她看到了探索解决相关问题带来的价值:

> 提出问题确实是很难的,但我发现,如果我有一个好的(跨学科的)问题,其实很多老师都会感兴趣,它会是一个极具价值的研究问题。计算机系的老师会感兴趣怎么做,他们可能更关心怎么去优化模型,让它能在各种各样的评测下表现得很好,而语言学的老师也会关心一个技术工具能帮他们提供什么样的价值,包括中文系的其他老师,甚至科学方向的老师们,都是感兴趣的,比如模型是不是能达到和人类似的语言能力、和人类似的认知能力,或者多大程度上达到了,然后它是怎么完成的,因为它的学习过程和人完全不一样,以及它有什么缺陷等等。

凭借对科研的信念、难得的原创性想法,以及多年的坚持和优秀的成绩,徐同学顺利通过计算机系的保研考核,成为一名直博生。接受访谈时,仅博士一年级的她又陆续发表了两篇高质量论文。

回望本科经历,徐同学坦言,因为自己的目标一直比较确定,所以除了为转型做科研付出许多额外努力,她并没有经历太多波折。她表示,自己最感恩的就是在复旦遇到的老师们:"无论是中文系的老师,还是计算机系的老师,都很支持我的想法,给了我很大的帮助。去问他们问题,他们都会跟我说应该怎么做"。

在复旦,放胆去学,去寻找自己的兴趣所在——这是徐同学在总结自己本科经历时提到的理念和建议,更是复旦实施灵活的选课制度的初衷,以及带来的美好"回响":

以前听中文系老师都说,你在本科还是要找到自己感兴趣的事情,这比较重要。如果你做的不是你感兴趣的事情,其实就没什么意思,然后读研也会很痛苦。你要是找得到的话,我觉得总是有不同办法(支持你的兴趣),就算你没办法保研,你也可以出国,然后也可以后面再继续考。

也不一定说很早就要知道自己感兴趣的是什么,但是我觉得本科(大概)大二、大三的时候还是要找到自己感兴趣的东西……我很多朋友差不多也是这样的……像我有的同学,他们读了中文系,后来因为更清晰的兴趣转到哲学系,他们肯定也没有想别的,比如说就业问题,他们都是想找自己喜欢做的东西……还有我认识的起点不是很高的同学(也可以追求自己的兴趣),比如我曾经对神经语言学感兴趣,我记得当时有一个同学他起点不是特别高,然后他也是对这个(方向)感兴趣,但应该不是很早就开始做的,后来(他)找了神经语言学的老师做毕业论文,难度也非常大,但他也挺开心的,最后去了香港读这个方向的研究生……

历史学术研究中的启发和试错

我适合做学术吗？学术研究需要的究竟是热忱的兴趣、聪明的头脑，还是严谨的逻辑？这是很多本科生试水本科科研项目后依然存在的追问。诚然，拥有上述特质的确可能成为学术领域的"天选之子"，但对于涉猎专业学习不久的青年人而言，大多数人并不知道自己喜欢什么、能做什么。对于这部分同学来说，田同学提供的"排除法"也许可以作为参考——首先淘汰掉自己不喜欢的选项，尝试从不那么讨厌的事情做起，借着老师的个性化指导和本科生科研平台慢慢深入，拨开学术选择背后蕴含的乐趣。一起来听田同学的自述：

· 基本情况 ·

田同学-2013级历史学-内蒙古，博雅杯计划，2018年起在本校本专业读研，受访时为本校博士生。

我觉得本科的时候真的有两个（方面）特别要感谢复旦的，一个就是宝贵的老师，另一个就是一些很系统的学术训练。

——田同学

大一下学期的时候,我的未来导师吴老师开了"史学原典导读"课。我就听她讲希腊希罗多德历史,觉得好有趣,原来历史是这样的。上课期间我就把自己的感想写了一封邮件给吴老师,然后她很鼓励我。当时那个邮件有一些很幼稚的感想抒发之类的(内容),但吴老师并没有笑,还很认真地去跟我讲这些东西,还有我这个想法可能能阐发的一些其他启发性的思路。我觉得慢慢我就对这个领域更有兴趣一些。

大概到大三大四的时候(我)就有考虑说要保研,当时的想法是至少要念一个历史学的研究生,然后(把)硕士念出来,(其他)到时候具体再看情况。在这个阶段里面很有趣的是,吴老师顶替了我的家长的角色。因为我的父母认为,你想做什么就做什么,所以在这个方面我是不需要参考,或者他们觉得我没必要去参考他们的意见,他们觉得我已经是成年人了,我需要对我自己的行为去做出判断并负责。然后反倒是吴老师会从专业的角度,从一个过来人的视角,去给我提供一些建议。

"史学原典导读"第一节课的时候,吴老师就和其他老师完全不一样——她所有的第一节课一定是"劝退"学生的。她会讲我这门课不勉强大家上下来,甚至我希望大家第一节课就尽早地退课,因为我讲的这些内容可能不是你们所期待的,而且我的要求也比较严格等等。她会把各种利弊讲得很详细,最后再说明一下我们的内容。所以我觉得他是(以)一种很真诚或者很坦率的态度去上一门课的,她会去做这种"劝退"的活动，会让当时的我感觉她对每一节课都是在认真对待的，她没有因为这（第一节）是一个试听的课就随意地去讲，反倒她第一节课就铺陈开这种严明的利弊，然后你可以自己去做一个选择，就这种态度让我非常的震撼。

本科我就跟着吴老师先试着做了一个本科生"曦源项目"，顺利地结了项。大三我就又做了一个层次比较高的"望道项目"。我在做"曦源"之前心里是比较忐忑的，也不知道自己适不适合做学术，但是年轻的本科生对学术总是有一些神圣的向往，做完以后觉得不过如此，我可以。然后就开始去做"望道"，不断地开始经受挫折。"望道"开题被打回来一次，然后（我）重新申请了一次；中期报告也是被打回过一次，但被打回那一次我是非常感谢老师们的。当时，"望道"的中期答辩的评审老师是请了姚老师，（他）提出了很多很中肯并且实用的建议。我现在回想起姚老师的一些点评，仍旧觉得写论文的时候都需要注意。

因为本科的时候没有完全地接受学术训练，也不太得要领，所以（我在）论文的写作方面总是出现一些问题。我不太能够分得清自己的想法和其他学者的主张，总是会混淆在一起，自己的问题意识也没有那么明确。姚老师他是比较传统的，他就说到底你的问题是什么样的，"一种可能解读"是你的解读还是学者们的可能解读，然后可能的指向性在哪里，是哪种层面上的可能，本身这个（论文）题目它就是不够明确的一个题目，当然我们可能说进行历史写作时要避免一种绝对化的表达，但是你在题目里面应该凸显的是你的问题意识，而不是一种模棱两可的钻空子式的说法。

我觉得这也是评审老师们水平比较高的地方，他们所有的建议并不是非常高的那种层次上的建议，你根本不可能达成的，他不会说以一种博士论文的要求去要求一个本科生的这种学术项目，而是真正说本科生目前的不足在哪里，努力一下可能能够实现的一种提升在哪里。我听下来感觉他们所有提的那些东西都是我努力一下可以提升的，而且能够让我把这个项目完成得更好的。

我在这条路上走下来、坚持下来是因为"曦源""望道"的这些项目，能够让我不断建立起信心。我在迈出学术第一步、第二步的时候，获得了一些肯定，包括"望道"周期很长，我硕士一年级的时候（才）写出结项论文，现在拆出了两篇文章，一篇已经发表了在《理论与史学》上面，另外一篇也已经完成了。所以你所有做的这些事情，在这个平台上面去付出的努力，都会有收获，我觉得这也是非常宝贵的。

我在复旦十年反复验证追问的，就是我究竟对历史是一个什么样的感情，我反复地追问，没有得出说我喜欢历史的结论，但是我真的确实非常笃定，我不讨厌它。我做"望道项目"的时候，第一次项目被打回来的时候，（我的）信心也没有完全建立起来，因为当时做"曦源"已经愉快地通过了，然后我就在想是不是因为"曦源"就是"小孩子过家家"，所以我可以通过，但是真正进入一个相对专业的学术领域我就不行了。我就追问自己，我能不能承受这种"不行"，这种失败的打击，你讨不讨厌它？我发现我不讨厌，我还是可以改一改，我可以去进入它,这是第一次。

第二次就绝对是我在"延毕"的那一年,就是第一次保研失败的时候,然后我想的是我还要不要继续,还是我就找个工作随便出去,或者考个公务员算了等等。但是当我想我要考公务员,我要找工作的时候,我明确的心里面产生了一种讨厌的想法,然后我很厌恶这种可能的未来的假设。那么在这样的情况下,我想要避开这种让我讨厌的事情,那么我就选择了继续再坚持,做出了延毕一年这样的一个选择,那么这也让我明确了我是不讨厌历史学和学习的。包括像我硕博连读,还有现在决定提前毕业,整个过程中在做这些重大的决定的时候,我都在追问和反思我是不是要这样选。如果说我讨厌或者我不想做历史学的话,那么可能我都会在这些关键的节点上做出不一样的选择了。

通过多次追问,我的坚定程度是一次比一次坚定了。首先一方面是我的研究确实有了一些起色,一个非常直接的证明,确实有了一些发表的成绩,我觉得这个是非常重要的。当你有了成绩,有了发表,你的东西印成了这种白纸黑字的时候,(这)对你的信心其实是非常大的提升。另外,当我一年一年回顾的时候,比如我现在看我本科的研究,再看我硕士的一些研究,然后再看我现在写出来的东西的时候,我能明显地感觉到自己一年一年是有一些长进的,是有提升的。我觉得这种比较也会让我有一些信心,感觉自己没有在原地踏步,确实学习是有意义的,学术训练是有成效的。所以就当个人能力方面还有信心方面都在不断提升的时候,那么你的决心还有你对未来的一个预期可能也就会更加的坚定。

我一直很喜欢福柯的一句话:"人类把自己的命运交给了带有千条支流的水道,带有万条航道的大海,交给了处在一切事物中的伟大的不确定性。他将去过的地方是未知——可他一旦上了岸,那个地方其实就是他的故乡。"我最早看到福柯这句话是本科一年级的时候,章老师上"史学导论"课,发了一本参考书,翻开第一页就是这句话,我当时看到其实并不很懂,但是我确实有一种心灵受到了冲击的感觉。因为其实作为一个高中生,刚进入大学的时候,心里是比较迷茫的,特别是大学和我的那种高中生活相比的话,它太自由了,你可以选择一切你想要做的事。高中经过了三年的规训之后,我上了大学还是不太适应的,但是当我看了那个话以后,就感觉心里(那股)隐隐约约的对不确定的不安,慢慢地在消除了。

如果我们把自己比喻成蒲公英,有一些人他会落在某一个地方,然后他就开始扎根,就开始长了,但有一些蒲公英他可能过于喜欢在天上飞的这种感觉。一直飘着的话,你可以享受到最大限度的自由,但是你也永远没有落地生根的机会了。所以大家一定要尽早去寻找到适合自己的土壤和环境,然后在这种环境之下,哪怕不是一个完全确定的方向,不是一个完全确定的目标,但你至少要有一个方向,奔着这个方向去,向前走或者向前飞。

老校门,图片来源:复旦招生 https://mp.weixin.qq.com/s/lwuz16LVSsSKivvAStQ6Sg

扎根基层的选调生之路

　　我要如何开展自己的专业学习？专业分流结束后，这是很多大二新生的苦恼。如何做到"理论与实践相结合""读万卷书，行万里路""格物而致知"？

　　社会科学是什么？如何在大学这个象牙塔里学习社会科学？我们所了解的社会是真实的社会吗？诸多被访学生表示，基层调研不可或缺，是进入真实社会的敲门砖。

　　如何进入调研？调研可以基于课堂，亦可在课堂之外进行。学校团委实践、教务处学术项目、院系导师课题等等，都是可以尝试的平台。

　　团委的寒暑假实践项目是大多数本科生首先接触的"第二课堂"调研项目平台，调研主题丰富多元，志愿者项目包罗万象，既有面向社会弱势群体的生活、教育及法律援助服务，也有专业相关的校外实习实践，还有面向校内外学生的运动赛事、面向校内外民众的海内外学术讲座，学生可以选择自己感兴趣的主题和方式展开基础调研。

　　校友夏同学正是在各种课堂内外的调研实践中感知社会现象，找到了开启专业性研究的钥匙，最终找到了适合自己的职业生涯方向。

> **·基本情况·**
>
> 夏同学-2014级政治学-甘肃,西部农村定向,2018年本校本专业直研,2021年作为湖南省选调生入职。

我大学以来就有一个比较明显的感受,我觉得很多理论就是对社会事实的相对来说比较高度的一个抽象。这个理论形成之后,如果不再去审视它的前提的话,可能就会发生一些问题。所以我就多做一些这些方面的调查。

——夏同学

出于对室友之间完全不同的地域文化的好奇心,夏同学大一寒假申请了团委实践部的调研项目,带着来自天南海北的室友们给甘肃母校的高中生传授高考经验。这一支教活动带来巨大的冲击,启发了他关于贫困和教育资源分配问题的思考。

围绕贫困这一社会现象,在随后的学习生涯中,夏同学借助学院的本科生学术创新项目申请了"望道项目",并组建了自己的学生社团"复旦乡土中国"。跟随课程老师们的科研课题,他又去甘肃省皋兰县调研贫困专项计划,去河北张家口调研环首都贫困带,去甘肃武山县金刚寺支教,以及去湖北巴东县调查精准扶贫等项目,逐步将个人实践与专业学习融为一体:

(我)之前对扶贫这些(事情)不是很了解,如果了解得深一点的话,你就会去思考贫困是怎么产生的,对吧? 我开始接触（扶贫项目）的时候，那个项目关于精准扶贫对整个中国的影响，它招助理，我就跟进去了……包括做了一些调研任务，是老师分配的……我们当时还写了一本书叫《精准扶贫的制度密码》，这本书探讨一个内容，就是整个中国的这样的（扶贫），其实它是举全国之力的一项政策，然后在我们大陆地区的全部省份（实施），对国家的长期影响是很重大的，它关系到每一个人，这就是（我）关注（扶贫）的一个很重要的原因。

贯穿整个学习阶段的调研经历，让他对政治学专业有了属于自己的认知和思考：

政治学并不是内部斗争、尔虞我诈的东西，公共事务跟每一个人相关，其实我们了解整个社会或者了解整个国家的话，它是有不同的切入点的。扶贫当然它确实也是关切弱势群体的一个事情，但是从这背后你能够透视出整个国家的制度设计，比如说户籍制度怎么影响贫困，财政转移支付会怎么影响，我们国家的医保、社保制度会怎么影响，包括汇率制度是怎么影响。它是一个透视的很重要的视角，因为贫困它不仅涉及到政策，也涉及到历史传统，对吧？所以从不同视角来透视，了解国家和社会的一些发展现状的话，我觉得是一个比较好的切入点了。

在基层调研过程中，夏同学逐步认识到这是自己的独特优势和擅长领域，他可以游刃有余地下沉至社会各个阶层，与民众进行

平等沟通与交流·

如果从我个人的经历来说,我老家那边是中西部,确实不是特别发达,尤其是在上海读书的过程当中,你见识到的一些场景,以及一些人的生活方式,和中西部有很大的差距。所以说(我身上)会有这些经历的影响。在生命体验上,做(基层)调查是我的特殊优势。

于是,在大三时,夏同学便明确希望自己未来能够服务于中国的基层政策制定工作,为公共政策的制定寻找适当的平衡点,成为"社会的医生",并将这一选择戏称为"政治学塑造的结果":

通过(基层调研)这个过程,你透视很多事情的话,你会更加了解政府,(包括)政策制定、出台,以及它的落实,还有它的纠偏。了解多了之后,(因为)人总是倾向于选自己更加熟悉、擅长的东西去接触,然后再加上我本身学的学科,(我)就自然选择了(选调生)这条路。

零学分讨论班开启科研梦想

潜心向学、投身学术,这可能是每个基础学科本科生最初的梦想。复旦拔尖人才培养计划为学生在学术领域里"野蛮生长"提供了一个非常重要的平台。不同院系的实施方案也各有自己的学科特色。例如,数学学院作为先行者,建设了一大批无学分课程讨论班,该讨论班每年按照不同主题和方向开设十余门课程,学生在其中可以随时进入课堂,跟着老师学习,也可以随时退出讨论,这完全取决于个人兴趣,且没有拿学分的压力;历史学系采取平行班课程方式,学生可随时从高阶"荣誉课程"班退至普通班级完成学分。这些富有创见的弱评分,甚至无评分的课程模式为志在科研的本科生提供了"零负担"学习机会,旨在以最宽容的氛围激发最专注的探索。

胡同学的成长蜕变正是得益于数学学院的无学分讨论班、师生互动和数学竞赛。

· 基本情况 ·

胡同学- 2018级数学-浙江,自主招生(三位一体)计划,2021年申请本校第二届卓博计划生(概率论方向)。

复旦满足了我对大学的期待和想象，既有课外生活，又有严肃的学习，也有跟很多人的交流，不是从前那个很懵懂、一无所知的状态。讨论课感觉像（大学的）一个缩影，它真的能生发出很多东西，（我）自己也比较享受这个过程。

——胡同学

初入大学，胡同学便对无学分课程讨论班充满了好奇和热忱，他表示："（在）不用担心成绩的情况下，你可以学到很多新的东西，可以接触很多新的方向……最终学起来它确实很有意思。"

胡同学大一上学期跟班导师交流较多，自然而然加入了导师的课题讨论班。通过课后学习数学分析、多元微积分等相关的材料，他对讨论主题有了进一步理解。胡同学对讨论班的偏爱持续了整个本科阶段，每周，他不是在作讨论班的课堂报告，就是在搜集相关材料的路上：

我们当时每隔三周汇报一次，一组有三个人，（每组）每周要报告一次，我前一周刚刚报告过，我可能下两周就会开始准备，看看下面要讲什么东西。挺好的，那时候这种事情做起来还是比较有热情的。

但在胡同学忙忙碌碌的生活中，也夹杂了间歇性的迷茫和矛盾，那就是未来要做什么。对此，他只有一个模糊的想法。"从更长远的角度来看人生，其实我还是想有一个核心的价值追求——我希望能够发现一些什么，改变一些事情，改变这个世界，它可以被记下来。"胡同学说道,"我认为被记下来肯定是更高级,至少你就相当于以另一种方式活着。"

为了应对这种让人心慌的迷茫,他做了一些新的科研尝试,比如申请"曦源项目",学习代数拓扑,自学 Python、程序设计和数学模型等等。甚至在大三的暑假,胡同学和几位讨论班的同学一起组队,开设了学生讨论班,总计开展 28 次讨论,学习了上同调理论、泛函分析和统计物理学。这些尝试得到学院老师们的高度肯定,参与的同学也认为,这对学习非常有效果,对研究更有重要帮助。在疫情背景下,学生讨论班的开设还紧密联系起有志于在基础数学领域深造的同学。

课程学习和讨论班为胡同学大二时参加全国大学生数学竞赛和建模竞赛奠定了基础。初次参赛,他便取得了赛区二等奖和三等奖。随后,他又在大三参加了丘成桐数学竞赛初试,并最终拿到了丘赛概率方向的银奖。同年,在全国大学生数学竞赛中,胡同学也如愿拿到一等奖并进入决赛。这些赛事给他的大学生活增添了浓墨重彩的一笔,也增添了他想攀登更高山峰的信心。

在忙于各种赛事之余,胡同学也没有忘记自己希望发现、改变的愿望,因此,他不停思考竞赛之于数学科研的意义。竞赛结果逐渐尘埃落定后,他的答案也慢慢浮出水面:

> 竞赛(面对的)都是已知有解答的问题,我做竞赛到底干嘛,这个问题你仔细想,会觉得还有点奇怪。但其实这个问题是很好理解的,因为你不可能指望绝大部分本科生真的能做(科研),(但)你的解题能力其实能一定程度上反映可能的研

究能力。所以竞赛有成绩,肯定是能反映一些事情的。

2023 年,胡同学在第 13 届白俄罗斯-俄罗斯国际大学生数学奥林匹克公开赛中表现优异,获得金牌。本科毕业时,他申请了本校概率方向的卓博计划生,研究马尔可夫模型。

从实验室冲击"卡脖子"难题

对于刚入大学的工科学生而言,实验室是一个神秘、未知,又让人充满期待的地方,进实验室做实验更是一件或早或晚的事情。

我该如何进入实验室?复旦给予了本科生各种参与途径。对有志加入实验室的同学,老师们葆有鼓励、欢迎的态度,课程助教或实验室管理老师是有效的咨询对象,辅导员也可以提供帮助和建议。师长对于后辈加入实验室这件事情,始终都充满期待,也正是一代代新鲜血液的融入,才成为了科研成果不断获得突破的源头活水。

实验室能给我带来什么?实验室是课程知识的扩展,也是将理论加以应用的平台和载体。通过理论课程,学生们可以掌握书本上的知识,实验室则构建了学生与工业界知识的桥梁。通过实验室,本科生可以了解业界领先的技术,也可以与志同道合的实验室伙伴组队参加业界比赛,试炼"本领",共同进步。

对于谭同学来说,实验室是一个可以帮助他学以致用的"舞台"。打破西方技术壁垒、攻关"卡脖子"难题,为国家做贡献——他在这里找到了实现初心的机会。

·基本情况·

谭同学－2018级计算机科学－上海，自主招生（三位一体），2022年推免至上海某高校硕士研究生。

我就去做课程改革（计算机系统基础），重新设计课程的实验，学院也支持。我是从一个学习者的角度去教的，而不是一个全知的视角。

——谭同学

2018年4月，恰逢谭同学高考前，美国商务部重启对中国中兴通讯的制裁禁令，中兴通讯被禁止以任何形式从美国进口商品，中国通讯企业面临核心技术"卡脖子"的困境。满怀一腔热血，谭同学立志投身微电子、通信领域，并在填报大学志愿时选择了技术科学试验班。

谭同学大一寒假进入实验室，该契机始于专业课课程助教的邀请。面对远难于高中课程的技术科学大类基础课，如微积分、大学物理，以及线性代数，他保持了高中时的学习时间管理习惯，取得了非常好的成绩。谭同学回忆："在寒假里，专业课的助教邀请我加入了人工智能方向的实验室，我开始去做一点点科研。暑假基本上也是在做一些科研相关的工作。"

在这一实验室，谭同学发现，人工智能热门赛道并非其志趣所在：

　　我觉得学人工智能不适合我，虽然它很火，但是它不适合我。这专业（指计算机系统）有严密的逻辑，大部分东西都是可以推导出来的，能真正学懂，不像人工智能。还有，计算机不是说只是一个想法，（而是）能做出东西，能做出人们可利用的实物来。

实验室的经历加深了谭同学对理工科专业不同方向的了解，也让他对于所学知识有了更加深刻的认识。大一分流结束时，他选择了计算机科学与技术作为继续深耕的方向。依托所学专业课程和实验室平台，由课程助教带头组队，谭同学大二暑假参加了"龙芯杯"学科竞赛（比赛内容为写 CPU），荣获特等奖第一名的优秀成绩。借此，他学到了工业界的领先技术，同时通过科研相关的工作，他也发现自己真正的天赋与志趣所在。大三推免时，谭同学最终决定选择计算机系统作为自己未来深造的专业方向。他感慨：

　　走向成功的路，有很多已经有人尝试过。有一首诗叫 *The Road Not Taken*（《未选择的路》），（里面提到）"I choose the road less traveled by"（我选择了行人稀少的那一条路）——已经有人走过的（地方），可能闪光点已经快被人挖掘完了，要勇于尝试那些冷门的场景，只要你觉得有机会就有机遇，就很可能在这个领域取得很大的成就。

参加各类竞赛后，谭同学对现有的课程设置也有了深刻的反

思,学院的本科生课程助教制度更给了他将新知识反哺课堂的机会:

> 因为从比赛中学到了很多先进的知识,我也发现我们的课程已经很大程度上脱离了工业世界,落后很多了,这样的本科毕业生可能达不到社会上的要求,达不到那些企业的要求。后来,我就开始为一些课程设计实验,去做课程改革,学生们也挺喜欢这种形式的。我教实验课和其他老师教有不同的地方:我是从一个学习者的角度去教的,而不是一个全知的视角。

在学院的支持下,谭同学在担任助教的四个学期期间,把学到的工业界先进知识反哺课堂的更新迭代。他主动请缨设计课程实验,从学生视角加以改革,帮助课程与工业世界接轨,并录制网课视频开源分享,争取让全国更多同学受益。

"大一大二,大学路和五角场(我)都没去过,大学四年去过不超过三次,平时基本上是在图书馆和教学楼,以自修为主",这就是谭同学的业余生活。提到自己心无旁骛投入学习的动力所在,他说:"现在(我的)想法也都是帮助中国摆脱西方的技术壁垒。国家在我们身上,(包括)在每个本科生身上都有大的投入,如果我们虚度的话,对国家来说,对我们自己来说,都是一种损失。"

大三寒假,谭同学通过本学院拔尖课程了解到亚洲实力最强的计算机系统方向实验室信息,并申请去实习。随后他逐步尝试独立开展课题研究,发现了工业界和学术界更多可以改进的领域。

2022 年谭同学成功获推硕士研究生,继续进行科研深造。

复旦大学上海医学院学生誓言广场,图片来源:复旦上医 https://mp. weixin. qq. com/
s/aTf23I2JzPqdJuOO-hRxKQ

在感染科找到价值共鸣

自大类招生政策实施以来,选专业几乎是大部分大一学生学习生活的关键词。对此,很多学生可能会说:只要我成绩优秀,选择门槛最高的专业不就可以了吗?事实并非完全如此,专业选择这一决定不仅仅事关专业课程学习,更需要学生有充分的自我认知,这包括了解自己的价值立场、兴趣与特长所在等多个方面。而最有挑战的事,莫过于认识自己。

对于临床医学本科生来说,科室很大程度决定了职业生涯的走向。本科五年过程中,他们的顶级大事就是:未来要选择哪个科室作为自己的职业舞台?以及如何选择适合自己的科室?可以说,四年基础医学和基础实验操作、医院临床见习和实习,以及了解临床、了解导师、了解自己的过程,目的都是为了明确自己更擅长和适合的研究科室。校友艾同学就曾纠结于外科和内科的选择,并最终在感染科找到了价值共鸣。

基本情况

艾同学-2008级临床八年-上海,普通招考(所选专业:华山医院感染科),目前任华山医院感染科医生。

大学的意义在于你要自己去思考你的未来——你要去明白你的目标,这个目标带来的负担,你需要克服的困难,你愿不愿意做这些事情。然后,你要从现在就努力,因为你的社会人生和职业生涯理论上从迈入大学这一刻就开始了。

——艾同学

受香港医疗剧感召,艾同学从高中起立志做一名妙手仁心的外科医生。手起刀落,疾病消除,这令人非常有成就感。大学伊始,本科书院、医学院及学生社团会组织的一些高年级学长学姐或毕业生,常会召开经验介绍会,分享课程学习的经验、实习实践的体验、科研尝试的感悟,以及职业生涯的规划等,现场解答新生的困惑,提出自己的建议。借此机会,艾同学与前辈取得联系。通过聊天、聚餐等方式,她在科室选择前锁定了自己的实习岗位,大三、大四暑假已经先后在中山医院和华山医院的普外科、五官科见习过,对不同医院的工作氛围和科室运作有了一定的了解,并初步确定了自己的意向科室——乳腺外科。但是大四暑假前,她的家人考虑到外科医生的工作强度,对此一致反对。

权衡家人建议和个人兴趣后,艾同学暂时妥协,转向自己也有兴趣的内科科室。她向自己比较感兴趣的内科感染病临床授课张老师提出去华山医院跟诊的请求。跟诊,就是跟随医院老师在所属科室进行临床见习。作为一个未来的医生,跟诊可以让其了解科室临床日常,近距离与老师就临床课题研究进行交流,还可以使其了解老师的性格是否和自己契合,因此老师也很少拒绝主动提出跟诊的学生。

时逢全国医患关系日渐紧张的时期。2012年哈医大伤医事件发生后，中国的医患关系前所未有剑拔弩张，这极大冲击了很多临床医科生的职业信念。得益于通识教育课程启发，艾同学更能客观看待这一现象，认识到这一矛盾背后并非医患对立，而是跟医疗资源分配以及医患沟通不畅有关。她认为医生不站在患者的角度是无法实现真正的医患沟通的，而张老师的做法恰好与自己的价值观不谋而合：

> 他是一个同理心非常强的人，他说病人不容易，他还说你要站在病人角度看，他们都很苦，你觉得几百块钱不算什么，但对他们很重要。你知道吗？我当时就觉得这是一个非常正能量的人，在当时那个环境下，我也非常震惊，他有点人格魅力，有点吸引人。

跟诊过程中，艾同学目睹的一次"红包"事件，更是触动了她的价值共鸣：

> 等到最后一次跟（诊）了，当时已经不想跟了，来了一个女病人，她说她快好了，给我老板（张老师）送了一本她的书……我发现那里面有一个好厚的红包……张老师说："你还给她……你要知道，如果医生拿红包，他不会成为很优秀的医生，但是你如果很努力地做，你一直努力，到最后你会挺着腰杆把所有钱赚回来，而且是以正大光明的形式。"当时（这）对我是非常有触动的，我觉得可能这就是我需要的一个导师，这

样的老板可遇不可求,他能带我走向好的医学这条路。因为当时无论是医患关系,还是医生(拿)回扣红包,都是如此的糟糕,有这样的一个人当时这么跟你说,是非常(让人)感慨的。然后我从包里拿出了我的简历,就这样一脚进了感染科。

　　艾同学最终坚定选择了感染科这一小众科室,在华山医院感染科完成了四年临床学习,并最终留任,成为一名内科医生。在2020—2022 年的新冠疫情防控中,她发挥了自己的专长,更加明确了医生这一职业的价值感,并从未后悔过这一选择。

结语:"上好大学"的必然

上面的六个故事是否让你感觉熟悉又陌生?熟悉可能是因为你曾听说过、遇到过的优秀大学生大抵如是:有想法,有情怀,有干劲,虽历经迷茫与挫折,终能凭借努力抵达梦想的彼岸。陌生可能是因为如同此前的许多次一样,你看着他们的故事,却仍旧不知道如何过好自己的大学。

该如何去理解每个个体故事中的偶然性和个人色彩?偶然的师生或同辈交流、课堂上的头脑风暴、偶遇的新奇课程、不经意的实习调研等等,都机缘巧合影响了上述六位同学当时的选择;而他们也六人六面,各有特质。剔除掉这些,有什么是"上好大学"的必然呢?这正是这本书试图揭开的。

在每一个访谈最后,我们都请在校生和校友说说给未来复旦学生的建议。他们说:"尽早规划""学习千万不能落下""知行合一""勇于尝试""克服社恐""真听真看真感受""不要盲目内卷""不忘初衷""为社会做贡献""找到属于自己的那条路"等等。这些建议都无比真挚。然而太多的建议都只见"个人",不见"大学"。这或许是当局者迷。

现代大学建制于中国大地已逾百年。即将见证复旦创校 120 周年的 2025 年,正好也是学校成立复旦学院,开始全面探索面向全体本科生的通识教育人才培养模式的第 20 个年头。复旦的人才培养方案经历过历史的锤炼,凝结着几代大学工作者的心血,曾为无数学子的成长保驾护航,如今仍在与时俱进,求新求变。

如果你仔细回味前面的六个故事,就会看到蕴含其中的,复旦本科教育的"设计"与"章法"。你会发现,这样的学生是在这样的复旦走出了他们各自的路。成功的本科教育,必然是大学与学生的双向奔赴、双向成就。学校精心设计的培养方式及其留白、用心提供的各式平台与资源,在学生的自主努力中被激活,这才成就了复旦人精彩纷呈的故事。"上好大学"的必然就在其中。

本书接下去的章节将分别从五个问题出发,为你铺开"如何在本科阶段收获最大成长"的复旦纲要,呈现学生如何最有效地利用学校提供的平台、资源、机会等等,希望能帮助你在大学行稳致远。从即将或已经毕业的学生的视角出发,这五个问题分别是:

1. 我在复旦收获的最内核的变化是什么?"复旦人"是怎样的?

2. 我在"第一课堂"和"第二课堂"中最硬核的,让我对未来充满底气的经历是哪些?

3. 我心目中的好老师具有什么特点?我从他们身上获得了什么?

4. 我生活中最有益的伙伴是谁?我们一起在大学收获了什么?

5. 度过本科四年后,我是谁?我的未来要向哪里去?

第二章　熔炼博雅气质

你真的懂得复旦这片令你向往多年的校园吗？

对众多大一新生来说，进入大学就像蒙着眼走进了迷宫，收到录取通知书时的兴奋和期盼，变为了具体"怎么做"的疑惑和迷茫——学习真的变轻松了吗？为什么大家好像都在"卷"？我真的喜欢被录取的专业吗？二次分流和转专业是怎么回事？为什么要上那么多通识课？选修课又应该选哪些？是像高中般一心学习，还是参加那些有趣的课外活动？怎么好多课堂跟高中不一样，老师居然会将很多时间用来让我们讨论？科研是什么？我要读研究生吗……

十分有趣的是，我们的受访者在回首本科四年时，所有关于"怎么做"的困扰似乎都淡了下来，此时的他们更乐于探究一些更深层的问题，比如"我为什么要上大学""我在复旦到底收获了什么、成长了什么""我变成了一个怎样的人""复旦人是怎样的一群人"……

细细品味对于这些问题的众多回答，我们逐渐看清一个毋庸置疑却常被人忽略的事实：一流高等学府让学生在往后人生中获益最深的，乃是一份独属于这所学校的精神品质，一股心气儿，一种近乎进入潜意识的高尚追求。这远远超乎荣耀的学位、精深的知识、前沿的技术、广阔的平台、优质的社交等等家喻户晓的"好处"。

1915年，复旦立校训为《论语》名句"博学而笃志，切问而近思"，逾百年未改，寄托着学校对每一位学子的殷殷期盼。多年以来，复旦精神通过学生在校园中生活的日日夜夜而沉淀，通过学生在毕业后做出的种种选择而彰显。学生即使在校时对此浑然不觉，但在毕业跃入人海后，这种精神往往变得色彩鲜明。它是一个年轻人与百年校史的惺惺相惜，与国家民族的休戚与共，让学生饱含敬仰又觉亲切如常，铭感重任又能从容赴之，它才是真正的精英意识。

校训石,图片来源:复旦招生 https://mp.weixin.qq.com/s/lwuzl6LVSsSKivvAStQ6Sg

　　在邯郸校区的校训石前,常有人驻足发问,这十字究竟是何涵义。在这一章中,我们将尝试根据受访者对本科经历的讲述和对自己所得所感的反思,加之他们对于"复旦文化""复旦精神""复旦人"等的描绘,凝练出复旦本科生所理解的大学精神,以及他们是如何从本科期间的种种经历中获得这份精神力量的。读者不妨据此体味今日复旦人的独特气质,因为这正是他们对校训最好的阐释。

跻身复旦的百年星空

复旦大学的今天传承自它独特而辉煌的历史。

1905年,马相伯先生创办中国人自己的第一所现代大学——复旦大学,并担任校长,提出"崇尚科学,注重文艺,不谈教理"的办学信条。其后,"一生旨在复旦"的李登辉校长带领师生度过战时的飘摇,不仅为复旦建立起完整的办学体系,更留下了"团结、服务、牺牲""学术独立,思想自由"等影响深远的理念。1927年,颜福庆先生创建了中国第一所国人自办自教的大学医学院——第四中山大学医学院(复旦大学上海医学院前身)。作为校长,他广揽人才、树立严谨教风学风、弘扬"为人群服务""为人群灭除病苦"的医家精神。

新中国成立后的1952年,《共产党宣言》首个完整中译本译者、将"真理的味道"传遍祖国大地的陈望道先生担任复旦大学校长。他倡议举办科学报告会,严抓校风学风,为学校管理、校园建设、学科规划心系半生,只为建设集大成的"新复旦"。后来的谢希德校长更是巾帼不让须眉,不仅在专业上建树累累,是我国半导体物理学科和表面物理学科的开创者和奠基人,更是永葆初心的爱国者、育人不辍的教育家,在任内大力推动了复旦大学与海外高校、研究机构的国际合作……

百余年间，以上五位老校长所代表的一代代复旦人以一段段坚韧卓绝的奋斗、一份份踏实勤恳的付出、一个个得之不易的成就铸造了这所大学的荣耀与气质，使之有底气做世界上"第一个复旦"，更激励着今日的师生"跻身复旦的百年星空""不负成为一个复旦人"。

怎样理解这片璀璨星空中的复旦精神？这种理解又是如何形成的？在众多受访学生的描述中，"大师剧"是一个不容忽视的高频词。

校史馆，图片来源：玉见昆山 https://mp.weixin.qq.com/s/CITKrKNCIcyTagRSEql2Tw

志德书院的《马相伯在 1913》、腾飞书院的《巍巍学府》（由李登辉校长事迹改编）、任重书院的《陈望道》、希德书院的《谢希德》、克卿书院的《颜福庆》——复旦五个本科生书院出品的五部"大师剧"

面向全校师生和公众演绎复旦校长的故事，各书院的名称也都来自各位老校长的名字。

复旦大学文物与博物馆学系 2020 级本科生徐同学参与制作了《陈望道》一剧的宣传手册，在查找资料的过程中获得复旦精神的传承：

我觉得复旦的大师剧是一个很有特色，也很有意义的活动。通过大师剧，(我)了解到我们有非常优秀的陈望道老先生，也对复旦精神有更深入的了解。虽然我没有怎么参与演出工作，但当时为了做宣传手册，需要梳理剧中的人物关系图，去找一些经典的台词，去分析人物个性，以及跟书院、文创中心的小伙伴一起给(角色们)设计 Q 版人物形象。这就"逼着"我去查一些相关的资料，去了解大师剧的整个故事，然后去想怎么样可以让观众通过这个小册子，更加了解并且喜欢上这一部剧……

我对大师剧的整体印象，就是一个非常精益求精的项目。比如说我当时做宣传小册子，别人可能感觉它只是一个无关紧要的小道具，但是它前前后后起码改了十几遍，(其中)包括很多细节，比如(不同的)橙色色号可能只差一点点，但检查出来(不对)都要再重改。然后还有字体和字号、多一个空格、少一个空格等等小问题。

还有当时去看彩排的时候，感觉不管是演员还是导演组，他们都非常地上心，他们会一直排练到很晚，只要大家课余有时间，就会参与到排练的过程当中去。有时候我们去探班，送饮料什么的，就看到他们可能直接累到坐在地上，或者坐在舞台上面休息，会非常心疼，然后也觉得既然演员都这么辛苦，那（我们）做幕后工作的就千万不能给他们拖后腿，就是一定要把效果都做到最好。

舞台剧是一个系统工程。2022年，第五版《陈望道》在相辉堂上演，前后共有300余名复旦师生投入到该剧的策划、筹备、排练与演出中。排剧的"战线"往往很长，要经历数月，这让每一次的"大师剧"排演在潜移默化中，使学生与学校、书院、老校长产生了一种精神联结。

大师剧《陈望道》，图片来源：复旦大学 https://mp. weixin. qq. com/s/4Op3VPqma5Z4L tcrG0fG1w

2022年演出结束后，第五版《陈望道》中负责化妆和造型的工作人员、第四版《陈望道》中张翠婚（陈望道母亲）的饰演者张同学感慨："在后台看着演员们抢装、准备道具、紧张候场……每一幕场景都恍如昨日。一部戏，不只是舞台而已。哪怕身在侧幕，观演时也依旧心潮澎湃。"

"从选角（到）第一次剧本围读，再到最后的联排演出，不同的同学以同样的热情诠释共同的信仰，让人感到特别的踏实，也让人有了一种'复旦人就要讲好复旦故事'的坚定信念。"2021级中国语言文学系本科生李同学坦言，"在这部剧里，我们不仅仅收获了友情，更找到了归属感和家一般的温暖。"李同学在第五版《陈望道》中负责演员统筹，此前，她曾在该剧中饰演四婆。

尽管每年的"大师剧"都会有上一版本中的演职人员第二次，甚至第三次参与创作。但在丰富而忙碌的大学生活中，像张同学、李同学这样成为"大师剧"的忠实拥趸，并长期、持续地为之效力，实为不易。

来自腾飞书院的杜同学本科和硕士均就读于复旦大学大数据学院，参演过《巍巍学府》，其讲述代表着"大师剧"演员们共同的记忆：

> 通过大师剧，我在思想上进一步认识了我们的老校长——李登辉校长，也更深入地了解了复旦的发展史。演完这出戏，（我）真的会（被）带入到自己的那样一个角色中，会去想过去的几十年，那些建校的前辈们，他们的奔走，他们为学校争取来的（东西），不管是经费，还是权益，还是校址。他们

的那样一种努力会给我很大的触动,会觉得我对于复旦,或复旦对于我,其实都是特别的……同时,这也是对自己的一种突破,因为之前从来没有演过这么大型的舞台剧,演完之后会有一种情绪的释放,觉得很舒服……书院对腾飞大师剧非常重视,给的支持是很多的。你会对书院、对剧组产生归属感,然后你会和参演的学长学姐,包括同级的一些同学有比较好的关系。大家都精益求精,分享的其实是一种做事的态度吧。

在来自不同书院的学生口中,"我们的老校长"各有所指。这种自然又亲切的心理联结,代表着各位老校长在学生们心目中的分量。本科就读于复旦大学经济学院,后赴伦敦政治经济学院经济系攻读硕士学位的施同学表示:

> 根据我们的老校长的故事,书院每年会排演大师剧,组织新生观看。我们希德书院应该是在 2021 年的时候,重新排过老校长的故事,讲她年轻的时候患病但坚持求学,然后从海外毅然回国,包括在课堂上怎么教育学生等细节,创排了一个非常完整的故事。当年组织了很多场演出,我们还到(复旦)外面演出过,我觉得书院很特别的一点在于它的老校长精神内核。

每年的新版"大师剧"以新的大二、大三学生为主力,演职人员必有大量新鲜血液,剧本必有新的推敲完善,服装、化妆、道具必有新的精益。一版一版，一年一年，像极了一代代复旦人的传承和进步，剧的制作、人的成长、精神的传递紧紧结合在一起。

2018年至今，"大师剧"团队变得越来越多元，也走进了越来越多复旦人的"日常"。如今的台前幕后，不仅有大二、大三学生，还有入学观看"大师剧"后慕名而来的大一新生，更有书院导师、学生辅导员、各个年龄段的教师，以及复旦附属医院执业的医生、专业的演职人员等。

多方人员的加入，不仅提升了"大师剧"的舞台水准，更彰显了复旦精神的生命力和感染力。"太震撼了"是许多学生第一次观看"大师剧"后最直接的表达。

什么才是"博学而笃志，切问而近思"？为什么"真理的味道是甜的"？怎样才能"为人群服务"……"大师剧"让写在前辈事迹和复旦历史上的言语在表演中鲜活了起来，这或许是于观众，尤其是初入复旦的新生而言，"大师剧"的重要意义所在。

2020级护理学院本科生陈同学在2020版《颜福庆》中饰演颜先生二女儿，她回忆：

> 上医院歌里有这样一段话："人生意义何在乎？为人群服务。服务价值何在乎？为人群灭除病苦。"我自己刚来医学院时，还不是太理解歌词的内涵。直到进入剧组，了解到颜老从无到有建上医，后学校被毁，他从头再来，始终为了心中的信仰不断努力。颜老的这段经历让我十分钦佩，也让我和复旦上医的情感联系更加深厚。

相辉堂,图片来源:玉见昆山 https://mp. weixin. qq. com/s/CITKrKNCIcyTagRSEql2Tw

　　复旦精神透过"大师剧"立了起来,在学子心中播种下一颗颗理想的种子。多年来,一批又一批观众走进剧场,也走近了复旦的历史、传统与精神。不少师生更以"集齐大师剧"作为在复旦生活的一个小目标。相辉堂也时常见证师生二刷、三刷的热忱,甚至"复二代"(复旦校友的子女)们对着舞台崇敬的模样。舞台剧这种艺术教育形式的生命力可见一斑。

　　除了以五位老校长为原型的"大师剧"外,2018年,复旦剧社推出原创话剧《种子天堂》,再现原复旦大学研究生院院长、生命科学学院教授钟扬同志坚守信仰、潜心育人、科研报国、无私援藏、奋进担当的先进事迹和崇高精神。2023年,复旦大学附属儿科医院出品剧目《永不凋谢的百合花·陈翠贞》,讲述其首任院长陈翠贞先生立志报国,创办复旦大学附属儿科医院、重庆儿童医院、《中华儿科杂志》的事迹。复旦的百年星空因大师而愈加璀璨,也必将因你们的加入而更加辽阔。

大道不器

《论语·为政》有言："君子不器。"孔子认为，君子应当博学深谋，品行高洁。"器"是有形之物，"君子不器"即真正的君子不应受限于"有用"与"陈规"，不虚有其表，方能成大才。

对本科学生来说，孔子这四字箴言有何启示？实际上，这正是复旦学子时常自问的重要一题。

以法学专业为例，已就职于著名"红圈律所"通商律师事务所的复旦法学院 2014 级校友尹同学表示："当我们在法学院读到比较高年级，或者说离开学校之后，我们会常常讨论的一个问题就是，复旦法学院的法学教育对于我们来说，它到底是一个什么样的东西？"

一说到法律专业，人们很容易联想到对法条准确把握、对案情了然于心、在法庭上唇枪舌剑的律师。正因如此，谈起大学法律专业的培养目标时，不少人可能会脱口而出："法律专业不就是为了培养合格的律师吗？"对此，尹同学给出了一个令人意想不到的答案：

> 如果我们从法学院出来，就注定了我们这些人是要从事律师、法官、检察官这些使用法律工具的职业，那就我们使用这个工具的能力而言，法学院的教育所带给我们的精进，真的可能比不过司法考试的培训（班）……那换句话说，（如果只以

会使用法律工具作为目的），法学学生就不用上法学了，大家直接去听司考课就好了呀，那法学院存在的价值又在哪里呢？

我是觉得，法学（教育）不能做得像司考课一样，就是（只）教工具的使用。我（觉得法学教育）是要有（更高的）存在价值的，或者说得大一点，我（认可）的目标就是（法学教育）要为这个国家培养"法学大家"——就是会去思考、去论证法律本身的东西，或者说为人类社会制定规则的逻辑……

廖凯原法学楼，图片来源：复旦大学 https://mp.
weixin. qq. com/s/GWrFgoPJ24NP3N0Duxa5_w

我反思我自己本科在法学院四年的经历，我觉得就是很有幸地能够在这样的培养（目标下）学了四年。虽然我没有成为这样的"法学大家"，但这会带给我一种思考的能力，（也就是）对法律本身的基础认识……法学院以培养大师为目标，其实100个人里都不一定能出两三个这样的人，但（至少）在这个过程中，我们能沾到（这种理念的）光。

我觉得（在实际工作中）运用法条的时候，我们（因此）可以跳脱出（法律）这个工具，站在更高的法理的视野去看我们面对的争议，以及我们所要使用的这些规则。或者说，我们可以用所谓的"请求权基础"这种很学术性，但是确实很好用、司法考试可能无法教会你的东西来做事情。

从我们做投融资、做交易的角度，我们（可以）用更清晰的法律的逻辑、法律的思维去理解客户的诉求，并且去寻找双方利益之间的最优解，然后用一种法律的方式将它构建出来——有的时候，可能我们俩之间在商业上谈成了一个生意，但具体要怎么做，怎么保护双方的利益，其实商业侧的人是搞不清楚的。这个时候，如果你只是一个法律"工具人"，那你是没有办法在你当事人双方之间去"立法"的——因为这个合同构建的过程，其实就是双方当事人之间"立法"的过程啊！这个时候，你（只有）抽离出来，站在一个更高的思维层面去看这个东西，才能实现这件事情。

（所以复旦的培养方式）这必然是有帮助的，这种帮助它不是（司法考试培训班）那种很直接、很短平快地一下就让你感觉到"哎，这题我会做"或者"这个法条我知道"。它不是这种很浅层次的，它会更深层一点。我觉得这个（培养）是有价值的。

从这位校友的访谈中可以看出，复旦的法学教育远远超越了培养精通法律条文的"工具人"，而致力于培养融通法理，兼具人性关怀的"法学家"。这种"法学家"培养模式既能提升学生的专业能力，更能培养学生理论思维的灵活性、创造性乃至批判性，关注到人的需求本身。

"复旦塑造了我对于本科教育（的）这一整个概念，不仅单从知识方面教给我很多，而且不管是在通识（教育）还是其他一些整体设计上，也确实给了我更加多元化的机会，让我去选择自己想要学的东西。"当被问及对复旦本科教育的基本印象时，软件学院的俞同学表示。学习高分子材料工程的关同学也说："复旦让我感觉本科是一个很宏大的体系……当你不再局限于你的专业时，你的本科（生涯）其实大有可为，方向是非常广的；但当你落脚到你的专业时，其实你会看到在专业之内，它也是非常丰富的。"

从这些典型回答中，我们不难发现，复旦学生对本科教育的理解超越了一种对专业教育的狭窄的、工具化的，或者说技能培训式的理解，这正是复旦专业培养的独特之处。

立德修身，修炼品格，领会万物之道。对当代教育而言，孔子对君子的要求仍有启示。培养"君子"、成就"大家"，不限于让学生成为具有专门技能的"器具"，复旦对学生非显性技能的培养可谓是对孔子箴言的一个时代注脚。

始于学艺，止于修心

在同学们走向独立自主的人生旅途中，本科教育无疑是一个重要的"工具箱"。而在复旦，本科教育发挥的作用大大超越了"工具"的范畴。

回顾上一节中俞同学和关同学两位受访者对复旦本科教育的典型概括，我们不难发现，在宽广、深刻的专业培养之外，他们都受益于"不再限于某一专业"的通识教育。更加准确地说，没有一位受访者的本科记忆里少得了通识教育的印记。他们认为，比起工具箱的使用，这更加关乎心灵的收获。

自 2005 年起，每一位复旦本科新生都会搬入跨专业混住的五大书院之一，开启大学的学习和生活，也都需要从七个学科跨度极大的课程模块，以及其中数以百计的选修课中选取自己感兴趣的课程，完成通识学分。同时，学校鼓励同学们参与各式各样校内外，甚至海内外的课外活动。

我们在访谈中发现，相对人文社科学生来说，理工科和医科学生的专业培养更注重"技艺"的掌握，也更需要通识教育的补充和滋养。

范同学是来自材料科学系的 2018 级本科生，后保研至本专业，成为了材料科学系 2022 级本科生辅导员。范同学分享了自己的观察：

> 我们虽然是理工科的学生，但是在社会上也不可避免地要接触到各种各样的人和事情，如果说你仅仅是专注于你自己的一些理论方面的研究，挺好的，但是我觉得还不够完善，（还）不是一个非常完整的人的这种感觉……像我身边的一些非常（偏）理工科的男同学，他们好像比较缺乏人文方面的能力，会让你觉得某些方面他们还有点欠缺。

生命科学学院2018级本科生、复旦大学"卓博计划"第二期学员杨同学也表示：

> 我觉得通识课程培养特别特别重要，因为我觉得很多理科生缺乏人文素养，觉得我只要把成绩搞好，把科研做好，那我就是最牛的，我就是最棒的。但很多时候，他们遇到事情不能有自己的想法，或者他们觉得那些文科生研究的东西根本就是没有用的，我觉得这很可怕。

理科学生的学习主旋律或许是"泡实验室"，但科研项目的顺利进行需要良好的沟通技巧和组织能力，对科学史的深刻理解需要洞悉前人生平、写作风格等，这些都离不开"非专业技能"的加持。

"像情感教育、生命教育，然后还有一些哲学方面的教育，我觉得这些对于一个全面发展的人来说是非常重要的事情。因为会

(让人)觉得人不是工具,而是目的。"范同学说。

有知识并不等于睿智,杨同学对此深有体会:

> 我觉得对理科生来说,你可能学了很多知识,但是本质上只是改变了你的无知……而通识教育的意义就在于,让你除了知识以外,还收获更高的人文素质,(这)会让你脱离愚蠢,变成一个聪明、睿智的人,而不是说(只是)脱离无知,变成一个有知识的人。

如果说知识的学习是让学生获得行动的能力,那么,怎么运用这种能力,还得依靠通识教育来引导。

医学生也是一样,他们要面对的不仅仅是"疾病",更要直接面对"人"。患者的紧张、担忧、恐慌,要求医学生用有温度的沟通来缓解。这种沟通能力、共情能力都来自人文素质的培养。只有这样,医学生在面对患者时,才不至于成为冷冰冰的"治病机器",而是"救扶苍生"的仁心医者。

付同学是复旦大学上海医学院华东医院 2017 级本科生,后保研至上海交通大学医学院附属第九人民医院整复外科方向硕博连读。"复旦通识教育让理科生更加具有人文关怀,特别是对医科生来说,贴近社会、贴近人文非常重要。"她表示,"如果读(人文类)的书比较多,那么从书里可以接触到各种各样的思想,了解到世间百态。"

她举了一个和自己本专业——整形外科相关的例子:对于乳腺癌的治疗,普通民众会比较保守,一般不会选择将乳房全部切除，所以医生也需要注重患者的审美和生活需求，如果能保乳，尽量选择保乳，并和患者充分沟通，避免从纯医学的角度去考虑问题，否则可能引起治疗中的障碍和误会。她感慨：

> 对于医学生和医生来说，在医院里接触的是各式各样和自己生长环境不同的人。在这种情况下，医生需要去理解并尊重人的不同，以及病人各自的观点和看法，也要尊重文化本身。

付同学还特别提到了文学教育对于医生的沟通工作、科普工作有潜移默化的帮助：

> 文学类的课程，比如新诗鉴赏，还有解读小说之类的，就是很直观地（让我们更好地）以语言表达，我觉得语言这个东西是渗透到很多方面的。
>
> 比如说之后我们是肯定要做科普工作的，就是你要知道怎么样去更好地跟人沟通，更好地把医学方面的知识，用通俗易懂的语言表达出来，这是很重要的。现在很多好的医院，或者一些公众平台都会去科普，传达一些健康的观念。

复旦通识教育让学生收获更宽广的知识面和视野，更重要的是，让学生更贴近人文的关怀，更体认专业的重责，成为心性上更成熟、更完整的人。这是付同学等通识教育"铁粉"们共同的心声。

习得"硬"技能难，将"硬"技能和软性的通识素养有机结合更难。但这并没有浇灭复旦人追求完满心智的热情。凭借"硬"技能或许可以谋生，但要走得更远，通专的聚合必不可缺。我们或许很难定义复旦学生的通识素养具体来源于其上过的哪一门通识课程，但复旦独特的通识课程体系，以及其所带来的心灵的收获，本身就是学校为同学们准备的一份"最好的礼物"。

在行走中体会命运共同体

老话说"读万卷书，行万里路"，这是许多学生进大学前就向往的学习方式。

在回忆起复旦的本科时光时，各式各样的"行走"频繁出现在受访者谈及的"顶峰体验"里，足见这种学习方式对年轻人的冲击和影响。许多学生告诉我们，出去看看本身就很有意义，体会世界之大、物产之丰、文明之广、人间之可爱，总让他们感觉新奇和激动。

从复旦出发的许多"行走"又不同于一般的旅行。在受访者们深情讲述的充满深度和广度的故事里，我们感知到了一份同历史、世界和人群共命运的情怀。下文将展开两种复旦学生最为津津乐道的"行走"方式——通识游学课程和海外交流项目。

在游学中遇见古今中华

在复旦，有一个系列的通识课程十分有名，是许多本科学生的"心头好"，它就是"复旦通识·中国故事"系列通识游学课程。

在这一系列课程中，学生们研读经典，在6—10天的时间里，跟随顶尖专家赴不同城市实地走访，并通过小组合作，与来自不同专业、不同背景的同伴切磋精进，共同围绕研究主题思考最终的课程作业。

截至 2023 年，这一系列游学课程已策划八条线路，包括以"中国古代文化与传统书院"为主题的长沙线、探寻"中华文明之源"的西安线、立足本地文化的"行走上海"线、围绕江浙沪推开的"何处是江南"线、横跨山西与山东的"春秋与孔子的历史世界"线路、深入西北大漠的敦煌线、以"捍卫洛阳城"为主题的中原线路，以及全新的"海上丝绸之路"线。一般来说，距离学校较近的上海线、江南线在学期中开设，其余线路在寒暑假开设。

从临行前厚厚的阅读材料到最终的小组汇报，通常只占一个学分的通识游学课程要求学生投入不少精力，但这从未阻挡同学们的报名热情，每期课程都十分火爆。比如，2023 年暑假开设的洛阳线路吸引了上百位学生报名，有 30 人最终成功选课。他们由复旦通识教育中心从 80 位面试对象中选出，招生规模和流程设计堪比院系研究生选拔。

曾参加洛阳线路的王同学这样回忆自己的心路历程，足见这门课对学生的吸引力之大：

> 那时候大三暑假，要准备后面读研的事，很多同学都去实习了，我也有项目在做，所以是很忙的时候，想要拿一个月出来（去参加游学课程），其实会比较麻烦。后来（我）也发现，整个（游学）做下来，花的精力（确实）得足足一个多月……但是我想，再不去，我岂不是就真的没机会了。（所以）最后还是冲了一把试试，就报了。

游学·洛阳·2023，图片来源：复旦通识教育 https://mp. weixin. qq. com/s/9nF99eLm hRQZN0rJKAWsOA

（游学）的形式本身就很吸引我，和一群同学一边走路，一边看书，一边思考，一边学习，真的非常吸引人。而且我之前上过邱老师的《中国古代文明》，印象很深。所以，即使我自己去过洛阳，也很想再好好跟着学学。

在游学过程中，有的同学常常"和新朋友聊到晚上两三点"，有的同学和团队中来自香港的同学建立了友谊，在日后遇到困难时依然相互扶持，还有的同学始终难忘途中见到的不同生活方式……一位来自上海的同学回忆，洛阳之行给自己带来极大的震撼：

在洛阳的时候,有一个晚上,和几位同学一起瞎逛,逛到了一个老厂房旁边,好像是洛阳一拖,中国第一家拖拉机制造厂。我看到那边的家属区很热闹,跳舞的跳舞,打篮球的打篮球,还有好多小孩在那闹。我非常震撼!我从来没有见过如此富有活力的社区……后来回忆起来,其实洛阳的整个城市风貌,包括北方或者中原地区的房屋、生活方式等,都让我打开了视野,更懂得别的区域的中国人是怎么生活的,(感觉自己)好像更懂这个国家了。

如果说不同地区的生活方式是通过感官冲击开阔了学生的视野,那么,游学给学生带来的心灵成长离不开精心的学术性设计,这正是复旦通识游学课程的突出特质。

"(江南线路的)第一站(是)金泽古镇,我们带队的李老师自己就写过一本关于金泽民间祭祀探源的书。去之前我也读了(这本书),觉得写得非常精彩。所以他带我们去转金泽古镇,一边给我们讲解,(我)真的受益很大。"参与过江南线路的汤同学说,"再比如到了湖州,来给我们讲江南儒学的何老师本人就是这个概念的提出者(之一)……"

游学课程参与者蔡同学回忆:

这个课程其实整合了国内很多优秀的资源。我们的老师不只是复旦的,也有其他学校的大师级人物,(此外)还有一些实地的讲解,像去遗址,或者考古基地,都是请到考古队队长这样的经验很丰富的专业人员(来讲)。

而且我觉得我们去的地方不太常规，也不是网红（景点），而是会去一些可能（算）比较小众，专业以外的人都不太知道的（地方），包括私人博物馆、正在进行的考古项目，我觉得是有很精心的安排在里面的，考虑了很多教育意义，而不（只）是带我们游玩而已。

除了教师的精心策划以外，学术性还体现在学生们的小组项目中。拥有不同专业背景的组员之间碰撞出了精彩的学科火花。

在一场江南线路的课程中，哲学系汤同学所在小组研究的主题是明清至民国时期的江南茶馆文化。尽管汤同学深感自己在史料搜集上不如理工科同学那么有办法，在史料解读上不如历史系同学那么专业，但他凭借自己的专业知识，为小组研究贡献了至关重要的理论视角：

我们当时线上、线下讨论过很多次。随着了解的深入，我当时就想到了公共领域理论，想到了哈贝马斯。我就说，我们能不能从这个角度切入来讲我们的研究，因为哈贝马斯一开始正好也是聚焦在西欧的市民社会，既然我们讲的是近代化，或者说现代化，这个东西也是有一定关系的。

学术性无疑造就了通识游学课程的深度。参与 2019 年西安路线的郭同学说："（游学）能够比较深入地去了解一个地方，如果我们自己单纯去（旅游）的话，（可能就）只是很浅显地看一遍。"

那么，学生们究竟从这一次次行走中收获了什么样的深度体验？郭同学说：

> 当（看到的）实物跟课上讲的东西串起来的时候，感觉就很奇妙。比如说，在课上，陕西师大的老师教我们怎么去认青铜器皿上的文字，然后等我们到陕西历史博物馆的时候，我们发现真的可以按他的方法认出铭文写的是什么。（这）会（让我们）有一种很惊喜的感觉，感觉历史是真实的，甚至好像真的能想象千年前（的事情）——青铜器被造出来，有人把这些文字刻上去，它参与到一个可能很宏大的事件里，然后被留了下来，成为现在对那个事件、那段记忆唯一的见证。

参与 2023 年洛阳线路的王同学回忆："我们当时住的营地在唐洛阳城的一个坊内，而我们某次要去的参观地在另一个坊，老师就开玩笑说，其实你拿唐代的古地图出来看，你沿着走，差不多也能找到。"尽管世事变迁，城市的样貌已完全改变，但在老师话音落下的那一刻，王同学真正感受到了自身与历史的牵连，这种感觉也是同学们共同的体验。

"其实历史和我们确实是一脉相承的——当我看到西周时期的车辙印真的就出现在遗址大路上的时候，我感到两千年前的人和他们的生活突然变得很近……"另一位同学说，"把考古学的神秘感去掉一些，它会（显得）更亲切，因为很多它所研究的对象是很日常的。像土路，可能一直到三四十年前，在中国都是很常见的。"

于步履交替间亲历、感知、发现、思考……希望未来有更多学子参与这一系列通识游学课程，寻觅藏匿在真实世界中的学术内涵,领悟超越书本的文化意蕴,在游学中遇见古今中华。

通过海外交流外观而内省

海外交流是学生的另一个"心头之好"。2019年,复旦大学参加因公海外交流的本科生达到1827人,超过本科生总数的六成。本科生还可以参加国际组织人才培养项目,如"荣昶学者"全球治理人才培养项目。接受访谈的学生谈起海外交流,一致表示,去到陌生的国家或城市,见识不同的文化和族群,给他们带来的影响之深远远超过想象。

更宽广的眼界是参与海外交流的学生共同的收获,其本质上与复旦推崇的通识教育是一贯的。学生在交流中可以接触众多"精彩的未知",并将其与过往所学作一番对话。

某位赴卢森堡大学交换的学生表示,自己受到了新课程的影响:

> 作为一名(经过)两年学习的社科学生,在学科的影响下,我早已习惯在观察某个社会问题时,从政治、社会的宏观角度去分析一些规律性的事件。在卢大,我选修的 Popular Literature 则是一个典型的文学课程,课程讨论的问题常常是分析一个人物的心理对情节的影响。这体现的是一种直接的人文关怀。在这些文本的讨论和学习中,我开始发现人丰富的情感和内心世界,开始注视曾经被我忽略的一个事实:人是丰富的、复杂的和独立的,规律性的社会科学往往容易忽视人

的个体性力量,而过于强调社会的、结构的力量。

学习之外,赴海外交流的复旦学子还常常置身于"生活竟然可以这样"的惊叹中。某位赴挪威奥斯陆大学交换的学生回忆,常看到当地的妈妈推着婴儿车在墓园里散步,让人觉得不可思议,这不禁让其反思中国人和欧洲人对于生死的理解的不同:

> 对他们而言,生死之间不过是人意念的一道鸿沟,死可以作为生之镜,这一点在西方艺术中也常常得到印证。而在我们的艺术中,死并不常常被提及,(就算被提及也)往往与消极的意义向度相联系——我们的生活观念影响了解读艺术的方式,也就进而影响了我们生的方式吧。倒希望能(从欧洲人对生死的态度中)学到一份轻松和坦然,来应对接下来有压力的校园外的生活。

赴美国交换的一位学生则在与当地同伴的相处中发现,不少当地同一个教会中的年轻人,会因为能够继续留在彼此身边,而放弃远方大城市待遇优渥的工作。"这些(教会)是在城市中顽强生存的几乎前现代的团体,在'沥青森林'中仍然能够保持极其强韧的联系。他们似乎不再是原子个人了。"她说,"他们使我惊讶。在此之前,我不知道一个现代人会做出这种选择。这种惊奇感很难被打消。"

除了见识不同的学习方法和生活方式,复旦学子们还在国际交流中得以从更丰富的立面来了解自己一直生活的中国。

郝同学是复旦大学国际关系与公共事务学院本科生、复旦大学新闻学院全球媒介与传播国际双学位项目硕士研究生，曾在本科阶段参与国际组织人才培养项目。"过去的我对国际援助从未有过如此真切的体会，直到来到 UNDP 与'南南合作'朝夕相处，一些所见所闻触动了我。"郝同学说。

他回忆道，在一次会议上，斯里兰卡公使这样谈及中国对自己国家的援助：尽管中国仍然是发展中国家，但依然愿意用自己"摸着石头过河"取得的经验援助斯里兰卡，让有限的资源在斯里兰卡发挥最大化的作用。她很佩服中国，也很为中国感动，说着说着，多次情不自禁落下热泪。郝同学表示："每次见到她，她都会很真诚地对我微笑，那种微笑是发自内心的。她让我相信自己做的事情是有意义的。"

眼界的拓宽引得复旦学子们一边体验，一边思考。从学习习惯、生活态度，到社会价值的实现，学生们纷纷表示，海外交流项目让他们成为了更好的自己。

在学习方面，学生们大多对海外大学"讲座课＋研讨课"的教学安排印象深刻，感叹其培养方案普遍"不那么在意广度，但追求深度"……他们普遍反映，自己在经历一段时间的适应，甚至是"挣扎"后，逐渐能够在课内外"厚脸皮"地面对老师、助教和同伴，提出问题，分享观点，也越来越习惯小组协作，独立思考，以及批判性地对待所学的知识等。

更可贵的是，复旦学子们在这些经验中不断反思，把不同的体验变成了最适合自己的学习方式。正如赴美交流的某生所概括的：

（我）不评判哪里的教学方式更好，只是各有特点和利弊，个人都喜欢。体验不同的学习方式能让我找到最适合自己的方法。从美国交换回来后，我变得更敢于在课堂上表达自己的意见或看法，语言表达能力和之前比大大提升，并且在课堂上发言（会）让我觉得自己真正成为这个课堂的一分子，在我的带动下，可能整个课堂氛围会更加积极，并且（大家）对知识的掌握程度会更高。这次交流让我更加自信和勇敢，无论是现在还是未来都受益匪浅。

曾在新加坡南洋理工大学交换的某生回忆，一次特殊的课外活动在其心中埋下了一颗"种子"：

NTU 的课外活动也充满了学术特色。（让我）印象最深的是"WO＋MENfEST"（Women and Men for Engineering, Science, and Technology），（这个活动）设在每年居里夫人的生日——11 月 7 日，是为了鼓励女性和男性共同参与到工程、科学和技术领域来……回想起来，那晚在小礼堂听到的五位女性科学家的故事，可以算是我真正意义上科学意识的觉醒。从前（我）对科学（的认知）是幻想，觉得它遥远且美，自那天以后，科学于我不仅是崇高的理想，更是日常生活的学术实践和积累。演讲的五位科学家分别来自化学、艺术、工程、材料和传播学科，就他们是如何一步一步走近科学，并最终使科学成为了终生的职业和理想娓娓道来。（我）很难用言语形容那场活动对我的影响,(它)不是 magic bullet,更像是一粒种子悄悄种下,慢慢发芽。学术是一种信仰,如果离开它,我可能无法找到生命的价值。

赴瑞典哥德堡大学交换的某生在北欧体验了当地特有的极昼和极夜时间,他认为,当地人节制的生活方式影响了他的学习态度和方法:

当(我)渐渐融入哥德堡的文化语境,北欧人潜在的生活逻辑与自我衡量框架,使我不自觉地在学习中乐不思蜀。高纬度国家的极昼与极夜模糊着时间判断的概念,在可以归咎于自然不可抗力的自我放纵边界疯狂试探。但瑞典人将一切平衡和约束得如此自然——极夜降临的季节,玻璃结构的市立图书馆灯火通明,黄光熹微的自习间成为夜生活业已打烊的哥德堡最热闹的去处;极昼将至,店铺也不会因为拉长的白昼而延长营业时间,八点过后,"夜"生活照常在日光过于富足的露天咖啡馆中恍惚开始;青年政治参与度极高,政治学系的课程是多元立场唇枪舌剑的修罗场,但离开教室,庙堂之高在谈笑间成为过眼云烟。

节制与自律,是我所见到的瑞典人的生活"制度"。工作日学习,双休日出游。每每从图书馆披星戴月而出,闲庭信步于鸥声阵阵的国王花园,或在咖啡馆消磨完极夜来临前的最后一点晚霞,抑或是瞥见报纸上的打折消息,踏着优惠最后期限的鼓点,与瑞典人一同"锱铢必较",享受烟火人间的乐趣……不管怎样，橘黄色的万家灯火永远是瑞典人漂泊的最终航站。不用戴上西方"开放"的镣铐和刻板印象逼迫自己夜夜觥筹交错，也不刻意追求一座城那虚无缥缈的头衔与纸醉金迷的表象。节制、自律，让我爱上哥德堡。在哥德堡大学上课，这一种从日常和文化渗入的"节制"感代入了我的学术生活中。

在生活态度方面，许多复旦学生在海外交流期间产生的反思都指向摆脱"内卷"，摆脱"跟人比较"，摆脱"要在合适的时间做合适的事"。或许，在自小熟悉的社会和教育环境中成为"优胜者"的他们，本来也受困于要时时保持优胜的"烦恼"。

由于在奥地利萨尔茨堡大学交流的经历，以及从同学们"另一种非按部就班的人生可能"中获得的勇气，某位学生回到复旦后选择按照自己的节奏，延期一年毕业，其坦言：

> 在一次聚餐中，他们告诉我，原来他们都已是工作了四至六年的人士，在各自的国家、领域已有不小的成就……对于他们而言，一个硕士项目并不是"大家都在做，所以我要有的事情"，而是觉得"我的人生已经到了一个阶段，我需要转换一下"或"当我真的需要一个硕士学位时，我再考虑继续深造"。这对于当时执拗地相信，如果我没有书念，我的人生可能错步，无法接受一年或两年的 gap 的我来说，犹如当头一棒。

赴美交流的某生更是将该经历称为一场"白愈"。"我发现我要做(我自己),而不是其他人的影子……如果不能摆脱自己对内卷的依赖和所谓的安全感,那就没法摆脱内卷。而做自己,需要付出巨大的勇气、代价以及心血……我现在只做自己喜欢的事情,上自己喜欢的课,坚定地走着读 PhD 的路。也许很难,也许少有人成功,但这就是我喜欢的路,这就是我自己。"

另一位赴英国埃克塞特大学交流的学生也提到,在英国的历练让他因为"看到更广阔的世界"而"打破了曾经生活的惯性",得以第一次真正"think for himself"(自主思考)。

在社会价值方面,一次次跨境交流让学生们对于人类共有的价值观有了更加具象的认识,对"人类命运共同体"有了更加深刻的共鸣。

赴美国加州大学圣芭芭拉分校学习的某生在交换期间因私人问题而倍感焦虑,来自寄宿家庭女主人的真切关心让其体会到,人与人之间的理解是跨越国籍的:"在一个偶然的契机下,我们开始聊天,从晚饭聊到凌晨一点。她向我讲述了她坎坷的人生经历,我也和她说了自己的困扰。我逐渐发现,我们(在交换中)不应该把眼前这些个体看成'美国人',而(应该明白)首先他们是'人'。虽然我们来自不同的国家、不同的文化,(说着)不同的语言,我们却分享着公共的情感、共同的生活困境。理解,是人与人交流中最重要的部分。"

两位同赴美国加州学习的学生从文物流失、战争等宏大命题中感受到了超越国界的共情。

赴加州大学戴维斯分校交换的学生回忆,在"早期希腊艺术与建筑"课堂上,当教授问及来源国是否有权追讨流失在海外的文物时,来自世界各地的同学纷纷举手表示肯定回答,这一幕让其深受感动。

"对于文物的'文化属性'的看重或许正在逐渐压过对其'财产属性'的强调。"这位同学说,"这些高举的双手仿佛让我看见未来全球文博界更多将殖民时代文物返还的趋势,也让我感受到文化其实是可以共情的,即使处于不同文化语境甚至相反的国家立场,民众(间)也是可以感同身受的。"

当年与其同赴加州的另一位同学从一场艺术展中感受到了反战二字的重量:

当时当代艺术博物馆有一个关于德国后现代艺术的展,是德国战后的伤痕艺术,对我冲击很大。(我)伫立在那个由弹片弹痕组成的艺术装置之前良久,出来后就在联合广场喂鸽子。鸽子真的很多,而且不怕人。When will we walk behind the ploughshare? When will we put away the sword? 那个下午,我一直充满着这样的情绪——何时铸剑为犁?世界一直是有墙的,而墙是双向的。里面的人看不到外面,外面的人也无法观察里面,只好,双方都在观察这堵巍然耸立的墙。它肃穆、不容置疑、代表着一切力量。世人在此驻足,仅此而已。直到门的敞开,一些人可以走出去,一些人可以走进来。世界变成了世界。

人类命运同属一体,真实地身处全球性议题之中,往往让学生更深刻地体会交流的意义，更主动地打破刻板印象，更自发地向世界阐释中国。

"我强烈地意识到我和他们有多么不一样，我以这种不一样为骄傲。我强烈地渴求学习中国传统文化的精华，我觉得那是永远属于我的一部分。"赴美国加州大学洛杉矶分校交流的某生直言，"有时候，美国同学讲起美国音乐时头头是道，问起中国的艺术时我却不知道从何开口，这让我感到羞愧。中国美学明明是在我心里的，我却说不清楚。这激励了我去学习和表达自己的文化。"

当然，在海外的经历并非总是坦途。作为黄皮肤、黑头发，且往往显得安静的外国人，不少学生也面临过来自他国同龄人的漠然、误解、排斥，甚至歧视和敌对。如何对待这样的"碰撞"？

"在面对与你完全不同的人时，（学习）如何去包容，如何换位思考，如何寻找人类命运共同体中那真正重叠的部分，是我在所得经历中，感触最深的一点。"一位赴美国马萨诸塞州黑弗里尔商会实习的学生说。

当我们推开世界之窗时，世界也会向我们招手。总结复旦海外交流项目的意义，或许正如2017年秋参与"海上学府"游学项目的一位学生所言：

世界是最好的教科书，每个人身上其实都有丰富的历史和精彩的故事，所有看过的、听过的、想过的，都会最终镌刻在一个人身上，并释放出能量。虽然文化间有差异，有不同的态度、立场和声音，但是我常常为人性中共有的真善美而喝彩，为文化中细微的紧密联系而激动不已……我们生活在一个文化、种族、宗教、社会体系多元的世界里，来自不同国家的人民渐渐组成命运共同体，是国际化让我们懂得自己如何让这个世界和我们自己变得更好。

近处的事、远方的人，都和我有关

听许多受访学生讲他们的复旦故事，常让人想起鲁迅先生笔下的一句话："无穷的远方，无数的人们，都和我有关。"

难能可贵的是，这份"和我有关"不仅体现在许多复旦学子能够感知人类命运的休戚与共，更体现在他们已然开始用力所能及的行动担负社会责任。近到将自身所学付诸科研实践、做出有意义的科研尝试、参与学生工作、服务校园社群；远到通过服务学习课程服务社会大众、改善生态环境，以及不同版本的"在复旦必做的N件事"总会包括志愿活动和短期支教，甚至跋山涉水，去远方做一年老师，为那里的孩子带去前沿的知识和宽广的视野……

在复旦，去承担责任，去服务他人，是学生们的默契与潮流。

科研中的社会责任与科学精神

在复旦校园里，各种本科生科研项目开展得如火如荼，学生在其中"真学、真做、真感悟"，这在第三章中也将提到。这些科研项目不仅锻炼了本科学生的硬核专业技能，增强了他们的专业认同感，更让许多人得到启发，应用所学让社会更接近理想中的模样。

图片来源：复旦招生公众号《旦院你来｜生命科学学院》https://mp. weixin. qq. com/s/
s5Fm9vMgXO-csMXCDF_Q

　　在参与本科生科研项目的过程中，学生的公民意识和社会责任感悄然滋长。以两位 2019 级计算机科学与技术专业的本科生为例，他们设计出的"疑似诈骗网站甄别系统"被应用到了厦门警方的执法行动中。

　　陈同学和杨同学告诉我们："作为计算机人，我们要勇敢地承担起社会责任，用所学知识保卫人民的生活。"这两位复旦学子进一步表示，技术创新是一把双刃剑，一方面，它推动了社会的进步，另一方面，它也使得网络"黑灰产"用各种技术手段逃避监管，侵害人民的财产安全。

　　科学发展与社会需求从来都是紧密联系的。在用知识创造应用价值的背后，是科研工作本身所肩负的社会价值。正如一位受访者所言：

> 回应（现实）问题和困境，并保护一种（科学理性的）价值，是我认为的学术研究意义所在。做课题的整个过程，是在知识逻辑中探索，填补"不知"的迷茫，为"空白"解惑。（在）有生之年不断努力回应自己内心的价值空白，我们才能学习得快乐，生活得坦然。

科研是在不断试错中走向真理的过程；在追求科研进展并实现社会价值的道路上，跌倒、失败、推倒重来是学生们口中最常见的词语，更是他们坚守科学精神的底色。

"科研就是在茫茫黑夜中摸索道路、艰难前进的过程，是一次次地跌倒又重新爬起的过程。曦源项目让我明白，从选题开始，一个项目会经历无数次的迷失和重拾。"2019 级材料物理专业学生刘同学表示。2017 级生态学专业学生孙同学也说："做望道课题的过程是艰难而辛苦的。很多时候，补充数据需要一次又一次地推翻之前的所有结果，重新来过。"

2019 级航空航天系飞行器设计与工程专业的汪同学和熊同学这样描述第一次写代码后的感受："模型做出来之后，原本整齐的代码（变得）都不知道哪个功能放在哪里了，这样的过程（让人）很无奈，我们开始理解程序员们每天的痛苦了。"

为提取哮喘抗体，生物科学专业的牟同学在三年间不断解析、论证和实验，最终却发现抗体与抗原没有相互作用。虽然没有得到预期的结果，但这让她深刻体会到科学探索精神的内涵：

　　我当时想筛选一个抗体，它能溶解一种哮喘相关的蛋白，通过形成蛋白质结晶抑制哮喘。这个实验我从大二做到了大四，一开始做的是蛋白质表达纯化抗原的工作，当时就感觉有问题，因为抗原在纯化的时候，它到某一个时间节点就会开始沉淀，而蛋白一旦沉淀，做各种实验都会比较难，因为它不能浓缩到很高的浓度。

　　我当时感觉会不会是我自己实验操作有问题，所以一直在重复蛋白质表达纯化的过程，后来也让别人帮我试着做了一下，发现确实蛋白的性质有问题。于是（我）就开始做很多别的尝试，比如说换缓冲液的条件。当时跟师姐聊，她也说之前没有遇到过这种情况，太特殊了。这对于一个本科生来说挺挫败的。

　　（通过）来来回回、反反复复地实验，（我）终于拿到了一点点高纯度的抗原准备做抗体的筛选，但又因为疫情耽搁了，最后只好找了一个公司来做。他们帮忙筛选到了 10 个抗体，我当时突然感觉自己的实验做到了一个巅峰——我有理想的结果了！所以那段时间做实验非常有干劲。

　　实验的工作量也很大，10 个抗体中（的）每一个抗体都要做分子克隆、表达纯化。做了很长时间之后，我发现抗体好像和介质会有反应，导致我能拿到的抗体量非常少——这是我碰到的第二个坎，问老师和同行也都不知道原因，最后我是以量取胜，通过大量的纯化算是暂时克服了这个问题。

在大三下学期（我）做的是检测抗体、抗原之间的相互作用，当时感觉虽然它们能够表现出一些相互作用，但是跟师姐的抗原和抗体比起来，相互作用不是特别理想。当时（我）就感觉这个课题不是特别能做下去了，因为感觉结果已经摆在那里了，它可能相互作用就是比较微弱。但老师说，你可以去尝试一些其他的方案（来）测相互作用，（因为）一种实验得到的结果也不是肯定的，可能会存在一些错误。所以在大四上学期，我又做了一些别的尝试，比如说将抗原、抗体克隆到一个载体上进行表达，做分子筛层析等，各种各样的尝试都做了。最后的结果就是：我这个课题做得非常深入，我从各个角度证明了抗原和抗体就是没有相互作用的。这就是最终的结果。

通过实验正视错误，发现问题，提出新的解决方案，再通过新的实验，不断向前推进——通过三年的试错，牟同学体悟到科学是一门"可错"的学问，试错正是排除错误、探索真理的过程。这让她从害怕尝试的小姑娘，成长为能勇于应对挑战，坦然面对失败，并正视自身问题的研究者：

我（曾经）是一个特别怕失败的人，很多时候不敢去（也）不想去尝试，因为我在做出选择之前就已经预想好自己会失败。但是这几年下来，我觉得最大的收获是坦然面对失败。遇到问题，我会自己想办法去解决。在这种不断尝试的过程中，我学会了自己查阅文献，寻找可能的解决方案，也因此了解了很多不同的实验技术、实验原理等等。每次答辩会，虽说结果不怎么理想，但是我会有勇气把内容讲出来，然后跟评委老师去沟通。我觉得这更像是一个交流的过程，而不是说他们去审阅我的结果。

从科研攻坚过程中获得巨大成长的不止牟同学。许多受访者表示，通过科研项目中的挫折和历练，他们切实体验到了专业能力的提升，并对专业承诺和责任有了更加深刻的理解：

经由望道项目，我认为进行学术研究需要持之以恒的耐心和决心，研究者必须始终保有对选题的热情，刻苦钻研，不能因一时之困苦而轻言放弃。（王同学，19级法学专业）

作为本科生的我们第一次接触科研，从一开始的好奇、轻松，转变到最后的严谨、敬畏，以及解决一个个难题后的成就感，这一过程非常奇妙和发人深思。（吴同学、孙同学，18级电子信息科学与技术专业）

在项目过程中，我从师长和同学身上学到了很多宝贵的品质：对于科研的赤诚和热情、对于科学问题的执着探索，对于实验结果的精益求精。[成同学，16级临床医学（五年制）]

以科研为桨，推动社会责任与科学精神之舟。复旦学子正行在路上，以科研成就更好的社会，也成就更好的自己。

在学工做服务型主人翁

本科生在学生工作（简称"学工"）中的参与也是复旦校园中不可忽视的一道风景线。学生们通常通过加入与学生事务相关的校级或院系职能部门（如校团委、就业指导中心等）、学生自我管理组织（如学生会），以及各社团参与学工。

参与学工意味着成为学校与同学之间的桥梁：从以往被动响应学校举措，转变为体会到举措的意义和设计，投入其实施和推广，更将这份服务的心意内化为工作的态度和未来的职业。

第二十九批"人才工程"预备队（一期）队员宋同学曾在复旦心理健康教育中心挂职，这段经历为她日后成为一名辅导员打下了基础：

> （我）感慨于学校为学生心理健康教育所做的努力，从医教队伍建设、服务系统建设、学生就诊绿色通道建设、医校协同通道建设，到心理健康普及、教研结合成果、队伍优质资源共享，学校和老师们都在努力拓宽途径，创新方法，搭建全方位、多层次、立体化心理健康教育模式，用专业与爱心为我们的心理健康保驾护航。在参与工作（过程）中，我也接触到了诸如过程疗法、正念冥想等很多专业的知识，感受到情绪调节和心理调节的重要意义，更加懂得了悦纳自我与关爱他人，学着更加有效地关注身边人的心理健康与情绪状态……我希望将所学、所感、所知、所想运用到当下和未来的学生工

作实践当中，为辅导员育人工作打下坚实基础，在不断提升个人素养和能力的同时，努力做一名学生成长、成才路上的知心人。

投身学工不仅是复旦学生服务同学、参与学校各项事务的主要途径，也是他们接触社会的重要窗口。来自大数据学院的李同学体会到了这一点："在大学，（我们）可能很少有机会接触到社会上的事情，而学校很鼓励我们去做（学工方向的）社会实践，每年的社会实践申报其实都很多，而且学校也没有特别限制我们具体要做什么，只是给我们一个大的框架，然后（让）我们在框架下面去自己探索，我觉得这个点真的还是挺好的！"

在这个可以自由探索的空间当中，包含着学校对学生进一步提高综合能力和自主性的期待：参与学工意味着学生必须想得更多、学得更快、做得更好，即承担更多责任。

在经历了几次活动组织工作的"洗礼"后，李同学逐渐发现了"想象和实际的差距"，学生工作中的挑战接踵而至。不能再只做"执行者"的他需要主动策划、协作、争取、说服，预想（活动事务的）每一种可能性，克服"四面八方的困难"……尽管他曾经受"这个活动究竟要不要做、值不值得做、为什么一定要这样做"的自我拷问，但回首往事时，李同学认为："这些会培养你的工作思路，（建立）一些基本的（工作）认知。活动是光鲜亮丽的，但整体的（筹备）过程可能很难，要一次又一次把策划案推翻重来，还有很多幕后的工作，都是非常重要的。"

学生工作有累也有难，为什么仍有一批批复旦学子投身学工基层？吴同学在学工道路上走得较远的学生，曾获得复旦优秀共青团员、优秀共青团干部、优秀学生干部等多项荣誉，还曾任复旦大学第48届学生代表大会常任代表、复旦大学国务学院分团委组织委员。她对学工的总结或许道出了其中原因：

> 我从大一开始就参加学生工作，从院系到学校、从干事到部门负责人，其实始终做的都是同一件事——为同学服务。我们学院的老师总说，"要把有意义的活动办得有意思"，我想，这就是我们需要做的，而在这过程中，我们的能力与心智都有了质的飞跃，这些际遇都将成为我们生命长河中的璀璨星辰，照亮我们前行的路……

成为学生事务的"主人翁"，为自己和同伴搭建机会与平台，这正是复旦学工系统支持学生进行多元探索，并在学工实践中实现自我成长的初衷。

服务学习：星火可以燎原

作为通识教育中极具实践性的一环，行知课程和游学课程一样，是令受访学生们获益匪浅的课程类型之一。行知课程属于国际一流大学广泛重视的服务学习，它引导学生走出传统的教室，深入到基层，了解当地的需求，设计相应的服务方案；并通过观察、反思和领悟，将所学的知识和技能应用于实践中；最终，有效提升自己的实践能力和社会责任感。

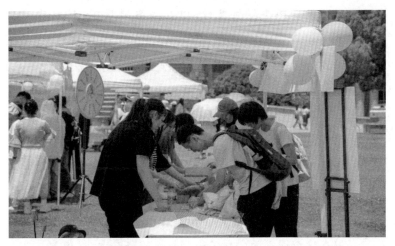

来源:复旦家园公众号《感恩之心汇聚,市集温情流淌"感恩市集"家园游园会现场高清图大放送!》https://mp.weixin.qq.com/s/Xogunsd-EoPEbSvulypBSQ

受访学生纷纷表示,服务学习课程仿佛在他们心中种下了一颗服务的"火种"。目前,复旦已经开设了横跨计算机、历史、艺术、社会工作、心理学、药学和医学等十余个专业的服务学习课程。

服务学习课程可以让学生实实在在地"触摸"专业梦想。牛同学一直希望成为优秀的临床医生,并开展科普事业。但从入学起,她便体会到了临床医生的忙碌,只能暂时搁置做科普的想法。幸运的是,"常见疾病与健康促进"这门服务学习课的课堂任务就是给社区居民做科普,这让她切实感受到了科普事业的不容易,及其对于普通人的影响力之大:

我们最主要的任务就是学习怎么样做好科普,设计一些科普(课),然后将它展示出来。这个课程还有一部分就是我们和带教老师去提供义诊,以及和当地医院、科室作一些交流。

我们主要在医院门诊的候诊大厅去展示我们的科普课。我觉得我从这门课中(获得的)最主要的两个收获,一个是我敢于站上公开的场合做科普,消除了在公开场合演讲的紧张、恐惧心理。经过这节课的机会,我看到我们参加(演讲)的20名同学去医院里进行实践的时候,都准备得非常充分,讲起来非常自然。

第二个收获是让我思考如何去做好科普这件事情。虽然我们在这个课里面学到了一些基本的科普方法,但是在真正的实践中,包括我们未来(肯定)会遇到更多的问题。比如说,进医院或者进社区(做科普),如何真正地吸引到一些人,或者说(如何)让他们不仅仅是坐在台下,而是真的听进去了。(因为让)这些科普课程在他们心中留下印象,其实是一个比较难的事情。以后面对我们自己的专业领域,不断地去作这种思考和积累,这个意识对我们来说是很重要的。

服务学习课程为学生带来跨学科发展体验,有同学甚至由此确认了未来发展方向。来自管理学院的刘同学修读了暑期课"走进红树林"。这门服务学习课程在10天中连续上课,理论学习和外出实践时间各占一半,让刘同学对生态环境问题有了更具体的认知:

(这门课)前三天是大家熟悉一下组内成员,因为其实很多组都是大家自己随机抽出来的,此外完成一些很初步的任务,比如说基本的生态学知识;课程核心是对于红树林的认知。我们这门课程之所以能够被开设出来,也是生科院的老师们为了纪念钟扬教授,所以我们也到了钟扬教授纪念馆参观。

在学习完成之后,我们前往位于上海临港的红树林基地,就是现在生科院老师们也在积极去做建设和维护的、由钟扬教授当年申请的项目所支持的一个红树林基地种植项目。

红树林是一种(生长在)温热带或亚热带的半水生的海岸植物,它可以被水淹,也可以在湿润的沼泽里面生存。上海没有天然的红树林。那么他(钟扬教授)其实是希望把红树林从南边往北移。北移的重要意义在于红树林有很好的维护生态、防风固沙的作用。研究论证过,把红树林种植和海岸建设混合的模式,防风效果会比单纯的海岸堤好很多,尤其是磨损程度也会减缓非常之多,同时可以很好地调节水土,毕竟它是有植物在的,比光秃秃的大堤肯定要好上很多。

目前可能还研究不是很多,或者说发展不是很好的一个方面,就是经济效益。事实上,红树林的这种环境很适宜鱼虾蟹贝这样的海洋生物生存。有一份研究,当然这份研究可能是孤证,就是说在红树林和同等(条件)的那种泥滩地(相比),养殖虾的产量可以有一个 5—6 倍的上升,所以它的经济效益非常可观。

刘同学表示,有了实践打底,此后为期两天的理论学习吸收效果很好。然而,上海引进红树林的项目困难重重,红树林很难生长到理想的高度。为了更好地观察和研究如何成功在更高纬度种植红树林,课程老师还组织同学们去了浙江省温州市的雁荡山,考察红树林成功种植的项目。

在理论与实践学习的循环往复中,同学们产生了更多的反思,心中慢慢种下了社会责任感的种子。刘同学分享道:

> 我们这些本科生出去调研到底能做到什么,其实老师们应该都知道我们做不了什么东西,但是我觉得这种(环保)理念的贯彻落实,或者这种对于社会的关注,对于社会责任的担当(是可以做到的)。我们作为当代中国青年,应该怎么去了解、关注这个社会? 怎么去承担我们现在以及未来的社会责任?
>
> 实践是一个循序渐进的过程,它让我们去完成第一步——了解这个地方。你了解它之后,必然会有一个想要深入或者希望能够关注的点,你会去关注它,并且做一些相关的举措,可能是发起一个公益组织、参与一项公益活动,然后在未来规划里添上一笔,甚至以后去做一个社会活动家,或者非营利组织的领导人;(总之)去做一些你认为很正确的事情。

在刘同学确定走管理学与生态学相结合的职业发展道路前,"走进红树林"课程只是促使他作出这个决定的实践之一,他还参加了"兴青计划",参与和主持内容多样的实践项目,通过复旦丰富的本科生实践体系探明自己的心之所向:

　　虽然我可能不会去学生物,但我会觉得生态议题很令我感兴趣,包括我本人在做一系列实践:之前到家乡做竹子产业的发展调研,它是一个绿色产业的发展,是与减碳紧密相关的;还有我即将去福建武平做绿色金融实践,就是(探索)如何把绿色发展和金融助力融合在一起,也响应国家"绿水青山就是金山银山"的号召……诸如此类的一系列的议题,作为一个管理学院的同学和关注生态的人来说,其实把它结合在一起,是一种会让我愿意去追寻的东西。

　　服务学习课程还让学生感受到育人、助人的乐趣和成就感。来自公共卫生学院的毛同学选修了《计算思维与信息素养》课,在学习计算机知识的基础之上,可以选择去不同的服务基地进行实践,比如去同济大学运用虚拟现实技术进行景观项目合作、去复旦附小参与计算机教学等。其中,最特别的要数去浦东的关兴教育培训中心,教网瘾少年利用网络发展自己的学习兴趣,这也正是毛同学的选择:

　　在实践部分,我主要是去一个网瘾少年关怀中心,用一些新技术帮助他们线上学习和戒除网瘾。我觉得这门课的体验是比较新奇的,比如说用《我的世界》游戏(里的组件和机制)给那些孩子上课,就是用红石电路给他们演示电路原理,还有二进制逻辑值等,可以使这些孩子比较直观地感受到学习乐趣。因为本来他们都是网瘾少年,不怎么喜欢学习,利用元宇宙加教育的方式,可以更快让他们找到自己的兴趣点在哪里。

毛同学和其他同学一起，在老师的督导下设计教课内容，并带领学生进行实操，不仅收获了令人欣慰的教学效果，同时在一次次的备课和讲课中教学相长，令自己的计算机知识得到了"百分百"的巩固和吸收：

> 教学效果我们认为是比较好的，因为我们教的都是一些他们不太能接触到的东西。我们在课后也给了一些习题和实践操作部分，实际上他们的学习效果都是非常好的……当时老师给我们看过一个图，你听别人讲课可能收到20%的效果，然后写一篇作业可能百分之四五十的效果，而教别人一遍可能就百分百的效果。

毛同学还表示，这门服务学习课程间接弥补了他因为分数限制而在专业选择上留下的遗憾。曾经的梦想星火似乎又开始燃烧，他正考虑硕士转读计算机专业。

连接教学与现实，真正打通课堂内外的壁垒，复旦的行知课程是一次卓有成效的教育尝试，让复旦学子真切地体会到在"做中学"的精妙之处。

让抽象的书本知识多一丝人文关怀和博爱，通过走进社会感受自己鲜活的心跳和向往的远方——一位从未在高中阶段参与过社会服务课程的同学说："我觉得修读服务学习课程是（给我）一种'星火能够燎原'的感觉，（而且）它让更多的人能够感受到这一点。"

志愿者的幸福感

在受访学生讲述的课外活动经历中，各式各样的"志愿服务"绝对居于榜首。有人持续几年深耕志愿型学生社团，也有人在日常生活中见缝插针地参与小型志愿活动；有人走遍祖国河山，深入各地偏远农村支教，也有人扎根本地，为上海弱势群体提供法律咨询，为学校食堂职工和农民工的子女进行作业辅导，在繁忙的复旦附属医院提供导医服务，在校园的角角落落看顾流浪的猫咪……不少受访学生都展现出一种风貌——心怀天下，关心他人，服务社会，是为己任。志愿服务的经历让他们看到了更大的世界，了解到更真实的社会，体会了服务的价值，成为了他们复旦本科生涯中的"顶峰体验"。

对于为什么要做志愿者，以及为何要选择特定的志愿活动，受访学生们给出了不同的答案。

有学生倾向于通过志愿活动来让自己在忙碌中找到松弛。来自大数据学院的刘同学在本科期间利用碎片化时间做了许多短期志愿活动，包括校园乐跑、回母校宣讲、图书馆整理书籍、自然保护周、云陪伴、云上支教等。"特别忙的时候，你会特别想要有一个空间去放松一下，我会选择去做志愿者。"刘同学说。来自生命科学学院的爱和猫协成员常同学认为，和猫咪待在一起可以放松身心。接受访谈时，常同学在复旦第五教学楼旁领回家并悉心照料的一只孤儿奶猫已经三岁。

赠人玫瑰，手留余香。来自微电子专业的张同学在志愿活动中感受到了助人的价值。其参加的萤火社志愿活动主要为学校附近社区的小朋友讲解电路知识,同时为老年人使用手机提供帮助,并组织老人们参与手机视频制作比赛。张同学说:"通过这一个学期,他们使用手机更加熟练了,(我)当时就很有成就感,而且觉得自己做这件事情非常有价值。"

还有学生将专业知识与志愿活动联系起来,试图利用所学更好地"为爱发光"。因为关注罕见病群体,药学专业的董同学加入了生命关怀协会,定期家访,了解"小胖威利"这一先天性疾病患者群体的生活,并通过一些活动设计来帮助患病儿童实现某些行为控制,尽可能摆脱药物依赖。这一经历还启发了她后续加入学院的研究生讲师团,向公众科普儿童用药现状与知识。她表示:"把儿童用药(知识)录成课程,传给村里对接的那些居民——如果(这种做法)能帮到他们,不让小孩用药的过程中出现误区,我觉得就挺好的。"

在众多志愿活动中,支教是复旦学生最为热衷的一项,也被列为"复旦本科生必做的事情"之一。一方面,学校有许多学生组织都会组织支教活动;另一方面,学生们似乎与支教事业有着天然的联结,希望把自身所学教给更年轻的一代。

受访学生中超半数参与过某种形式的支教活动,多数是时间不超过十天的短期项目。但我们常惊叹于这些项目极致的丰富性。复旦大学外文学院·竹溪一中 2023 年夏令营活动历时五天,却包含了不下六个课程板块和丰富的课外活动,支撑它的是一支跨外文学院、基础医学院、软件学院、航空航天系、社政学院等各专业的学生志愿者团队。类似这样的项目在复旦很多很多,学生们在支教中总是奇思妙想,倾其所有,力求完善。更难能可贵的是,在访谈中,他们总不自觉延展出短期支教经历的种种反思,仿佛想在支教中做好的事总也没个完没个够。这些反思会一直伴随他们去反复审视教育的本质,去思考作为志愿者他们最能贡献给远方孩子们的究竟是什么。俄语系的张同学回忆起竹溪县的经历说:

> 结营仪式上,有个女孩子说,她在我们身上看到了"知识带来的自信",听到这句话时,我很感动。是的,短短几天的课程也许并不能帮助他们在课业知识上获得很大的提升,但是能带给他们对求知的渴望,对外面世界的向往,成为他们漫长人生路上其中一个曾经鼓舞他们变得更好的人,这可能就是最大的意义。大概就是"一棵树摇动另一棵树,一朵云推动另一朵云"吧。

在复旦,还有一个特殊的群体叫作研究生支教团。这支队伍已有 25 年历史,共从每一届本科毕业生中严格选拔出 435 位复旦青年前往祖国西部,扎根基层一线,开展支教扶贫。他们的足迹遍布宁夏西吉、贵州息烽、新疆拜城、云南永平、四川喜德、青海玉树六地十校。他们不单单是学校教师,更通过"教学、文化、家访、资助、宣传"的"五位一体"教育扶贫模式,填补当地师资不足,提高学生综合素质,改变家长教育观念,为西部地区教育事业注入新的活力。对研支团的学生来说,支教二字更意味着人生重要的选择和背负沉甸甸的责任。

图片来源：复旦大学公众号 https://mp.weixin.qq.com/s/Sk4nmV-JPQ6ywYnvZTaqjA

　　本科就读微电子学院的李同学大一因为单纯想克服社恐参与公益志愿项目，而后在成就感和责任心的指引下逐渐选择深耕支教项目，本科期间的每个假期他都在支教：光是云南省曲靖市富源县古敢水族自治乡古敢小学为期半个月的支教项目，他就正式去过两次，后来还在假期自发回去探望，更别说其他短期、短途的支教项目。之所以做出这样的选择，李同学说原因可能是他小时候的一段经历：

　　　　我以前跟着我爸去下乡，在像四川大凉山那样的地方，看到那种非常破旧的校舍，整个教学条件都很差。我也听我爸说过，当时有很多外面的社会力量来帮助他们办学。其实当地整体(上),不管是硬件条件,还是说师资,都(让人)很明显感觉到,要想办法从大凉山以外去被看到、被重视,他们才能够有一个自己的发展机会……(所以)我支教之后其实很珍视那一份成就感,就是当学生跟你反馈说,你讲的东西对于他们有帮助,或者他们能够听明白,对于我个人来说,这个精神上的激励作用是很强的。

李同学不曾想到,支教经历逐渐改变了他的人生轨迹:他加入了距今已有25年历史的研究生支教团,成为435位扎根基层一线开展支教扶贫的复旦青年的一员。他们的足迹遍布祖国西部,北至新疆,南至云南。李同学则是赴青海省玉树市第三民族中学承担了一年的初二年级数学教学工作,其后到复旦高等教育研究所深造,并积极投身微电子学院团委、本科生学生会、融媒体中心、学生讲师团、党建,以及大二年级辅导员等学工工作。

因为支教,李同学去了很多地方,但"打卡"从来不是他的目的。他会积极探索适合支教所在地学生的教学方法,思考和论证自己的设想,比如"短期支教更适合准备一些当地学生(平常)不太能接触到的内容,以开阔学生的眼界、打开他们的想法为主";他也很注重传承,会基于前几届支教队伍整理的有关少数民族文化的素材,继续开展相关调研,编纂民族语言读本,开发乡土教学内容,并将其传递给后来的队伍;他还很富有开拓创新精神,即便是在针对脱贫攻坚进行调研的挂职期间,他也从当地需求出发,联合村党支部组织夏令营,把村里放暑假的孩子召集起来,进行科普类的实验课程教学和学业辅导……

对学生、对远方的关心，将李同学不断拉回支教的"田野"；而持续投身支教项目，也让他树立起了自己作为教育者的理念：在服务他人的同时自求问心无愧。他回忆，支教经历对他后来的工作态度产生了潜移默化的影响：

> 我当时在青海教数学，除了每天上好课之外，我还会想方设法地去给学生开小灶或者是一对一解决问题。很多时候，其他的几个队友都会觉得我太拼了，对自己太狠了，搞得好像有点废寝忘食的那种。我有些时候去了教室，一待就是一整个半天，要么是改作业，要么是帮学生解答问题。但是说实话，对于我个人来说，虽然我身体上会感觉到是很累，但是我主观(上)会觉得为了这些学生，我还是愿意再多做一点——既然我在这里，那就尽量为(学生)再多做一点……甚至我现在回到(复旦当辅导员)，我也是这种感觉，(有时就像在)手上摊大饼，但既然我接了这个班的辅导员工作，那我对这100多个学生(的想法就是)，我还是要想办法，尽可能工作到(让)自己满意，(同时)让他们也有个比较舒适的状态吧。

李同学坦言，他并不是在追求一种特别的成就感，或不这样做会负疚，这更像是一份"应该"，一种"身为教育者，理应如此"的理念。

或许，志愿服务带给学生的成长便是如此简单——无须高尚的初衷，也无须宏大的愿景，更无须隐忍的牺牲，需要的只是真切地去感受那"无尽的远方""无数的人们"与我们的关联。无论是做一天志愿者,还是一生做志愿者,只要投入、尽责,并设身处地地为服务对象考虑,就一定能收获受访学生描述的那份独属志愿者的"成就感、价值感、幸福感"。

结语：世界中的我，时代中的我

中国的中小学常有这样一句标语："今天我以学校为荣，明天学校以我为荣"。这句话很朴素地表达了学校与学生间深厚的精神和情感联结。当我们在访谈中问及"复旦对你的意义"，普遍的回答都包含着同一个意思，那就是"它是我的一部分"。这里的"它"是在复旦的四年日子，是"复旦人"的身份认同，也是每一个"我"对于复旦，以及其中的人和事的亲切感受。近三百个访谈间，我们也总在琢磨，到底"复旦人"是什么样的。也许就是学生与这所百年学府之间的一份"你中有我，我中有你"的联结。

受访学生对复旦的大学精神的理解很难一言以蔽之，但他们的理解最终幻化成了他们身上散发出的群体气质。浸润在复旦的历史与现在，游走在复旦的课内与课外，四年之后，他们焕发出某些惊人的相似：他们崇尚自主地探索，审辨地思考，绝不轻信旁人的观点；他们追求广博而深刻的生命体验，不将自身拘于某种用途；他们心系社会和人群，希望自己所做之事能有利他的价值；他们自信笃定，迎接挑战，秉持初心，捍卫理性。

今日，复旦对本科生的教育以通专结合成其博学，以多元包容助其笃志，更通过有效的课程、丰富的学术与非学术活动使其真正做到切问、近思。在复旦富有收获地度过了本科生涯的学生对好的大学教育形成了一种心照不宣的共识：在通识教育的全面滋养下，将所学融会贯通，并择一既适切自身，又切实惠众的方向精深钻研，成为富有情怀与韧性的人，赴下一段充满意义的前程。这便是这一代复旦人对校训的身体力行。这份力量传承自学校百余年的历史和沉淀，同时与这个新的世界、新的时代同频共振。

本章所呈现的复旦本科生身上的君子不器，人文关怀，实践精神，科学素养，社会关切，国际视野等等，在如今充斥着狭窄的成功观念，贪婪的速成成功学，虚弱的焦虑情绪，精致的利己主义，甚至"教育无用论"的媒体话语浪潮下，显得尤为感人和响亮。在课堂里，在行走中，复旦学子追随前辈的脚步，领略广博的知识，感悟古老的智慧，见识文明的多彩，体验民生的现状。他们看见世界，看见时代，并不断思索"我"在其中的位置和角色。逐渐地，他们的精神因此而塑造。这或许是今天的一流大学教育对于一个年轻人最大的意义。

然而，我们无意掩盖一个事实，即并非所有受访者都在复旦获得了这份意义。我们也访谈过毕业时仍倍感迷茫的学生，觉得自己四年一无所获的学生，认为大学太过自由而虚度光阴的学生，以为梦想太过缥缈而不愿做"无望的努力"的学生，感觉时代太过艰难而选择"混口饭吃"的学生……每个人的选择都值得被尊重，年轻人的视野常常受限于自身之外的因素。但每每看到富有才华的学生进入一所好大学，却最终没能给自己好的机会，从本科获得好的成长，我们总不免要叹息。而一些学生在毕业前夕讲述的遗憾和落寞更让我们唏嘘。大学应当继续思索如何更好地支持每一位学生。而我们也希望未来的学生能够更快地建立起关于大学的概念，完成高中生到大学生的心态转变，更投入地参与课内外的成长机会，更广泛地去行走，去交流，更深地让自己与这个世界、这个时代产生碰撞，更自信而审辨地思考自己的路。接下来的所有章节也正是为着这样的目的而写。

第三章　夯实卓越内核

在上一章开篇，我们提到令许多大学生感到困惑的问题："怎么做？"

在大学提供的丰富资源和机会中，究竟如何取舍，如何安排自己的日子，才能在毕业时倍感收获丰美，衷心感叹一句"不虚此行"？世界变幻万千，未来充满不确定性，如何确保今日所学成为明天的底气，而不是只为得到一张文凭？如何平衡课业和活动，未来的成功是否只与课堂学习有关，"全面发展"是否只是一句空话而已？

对于这些疑问，尽管在学生中、在媒体上均充斥着各色"解读"，但相关问题并不存在标准"攻略"，对大学生活的实际体验免不了"如人饮水，冷暖自知"。然而，当我们将所有受访者的故事放在一起看时，一些"最硬核"的共同经历浮出水面，如同定海神针一般，为多数人的大学旅程领航。

无论人生的船将开向何方，这些硬核经验将成为复旦毕业生手中最坚实的桨，不仅帮助他们走向成功，更通向幸福。通过受访学生反馈的"大学关键经历以及个中收获"，本章尝试总结出这些经验，以帮助学生最有效地利用大学中的"第一课堂"和"第二课堂"。

复旦大学江湾校区，图片来源：复旦江湾公众号 https://mp.weixin.qq.com/s/hrkfwRim0rin7qA
w73lyrw

不拘一格，自由探索

从受访学生的回忆中，我们不难发现，复旦本科教育有一个毋庸置疑的关键词——自由探索。

在通识教育与专业培养的双重影响下，复旦本科生往往在低年级就会对自己想要探索的领域产生初步的认识。而正如不少受访者提到的，这些领域并不一定与他们入学时的专业一致。在"专业"（或院系）仍肩负着学生培养和管理大任的校园里，复旦却通过一系列制度设计成全了本科生难能可贵的自由探索空间，使学生能够"学我想学的东西""走我想走的路"。

这些制度设计包括大类培养、转专业机制、真正意义上的学分制、贯通的"第一课堂"与"第二课堂"，以及 2018 年开始试点施行的"2＋X"多元培养路径。正是这些灵活的制度设计最终成就了一个个复旦学子真正多元化、个性化，真正才有所用、才尽其用的未来发展之路。

大类培养、转专业和学分制

"我读的专业不适合我，怎么办？"由专业选择导致的才能错配已日渐成为大学和学生无法回避的问题。对此，复旦的策略是大类招生，即让本科学生在广阔多元的"大学科"视野下就读一年后，再将他们分流至各细分专业。

这样的安排给了我们"一个缓冲的机会"，也提供了"更多的可能性"……来自材料科学系的徐同学这样评价大类培养对其专业成长起到的作用。在大类培养平台之上，学生们有一年的时间，在基础课程和通识课程中打破对专业的懵懂认知，积极自主地探索未来志趣，而不必从一开始就跟某个细分专业"捆绑"。

中文系 2018 级本科生王同学提到，《中国文学传统》这门基础课程真正让其感受到了所在专业的魅力：

> 老师把这个课上得非常有趣。她没有既定的教材，开讲的时候就像在讲脱口秀一样。但后面听得多了就会发现，看似不拘的讲课内容里面，其实是老师自身很深的底蕴、基础和经验——她融会贯通，然后才能深入浅出地给我们讲出来。这门课让我理解了文学，或者说人文学科的"无用之用"，让我感受到了真正的人文之美，我听得很开心，也觉得很受鼓舞。

通过基础课程，低年级本科学生可以了解其所属学科大类下所设的各个专业。与之形成互补的通识课程则帮助学生了解其所属学科大类之外的其他学科——在学生考量自身兴趣并作出专业选择的过程中，这两者都是不可或缺的。

马德尼叶提同学是复旦信息科学与工程学院电气工程及其自动化专业的 2014 级本科生，2020 年成功考研至复旦工程技术研究院。马德尼叶提同学表示：

在通识教育当中，你可以去感受不同的专业或者行业给你的初步印象。如果真的觉得感兴趣，你可以顺着这个路继续探索、研究。如果没有通识教育，可能你完全就不会去接触和了解不同的专业领域。是通识教育慢慢打开了这些领域的大门，让我们找到自己想要的，以及自己的兴趣所在。

张同学是复旦 2018 级俄文系本科生，目前是复旦法学院法律硕士项目的研究生。通识课程在他找寻"真爱"专业的过程中功不可没：

我自己是非常喜欢通识教育的，这也是为什么我一直想选择综合性大学的原因——综合性大学让我有更多机会接触专业之外的知识，而这大部分都是通过通识教育得来的……我是一个被兴趣引导的人，也很鼓励大家拥有自己的兴趣。以选课为例，大家可能主要看老师风格、给分标准等，而我其实主要是基于兴趣来选的，而且我觉得我选的几门课都挺有意思。比如，《人权与法》是一门模块课，可以算是我法学的引路者吧。

对那些在大一结束时发现自己想要前行的方向在所属学科大类之外的学生来说，转专业是一个自然而然的选择。

从工科转到人文学科，从社会科学转到理科……这在复旦都是司空见惯的事情。复旦对转专业"是比较宽松的态度，我很认可,感觉学校努力让所有有意愿转专业的学生都能达成心愿",管理学院校友王同学表示。

对学校这种独特的灵活性,来自广告系的娄同学也和王同学有同样的体会:

> 大家的专业选择环境是比较宽松的,包括转专业,并没有那么严格的限制。如果想转专业的话,除非要去一些热门的学院,其他基本上都是可以转的。培养方案里面也有很多可以自由选择、自由搭配的空间。

尽管转专业常常意味着多学一年,但这和梦寐以求的第二次专业学习机会相比,学生们普遍感觉值得。在受访者中,甚至不乏因成功转专业而让大学学习"重新走上正轨"的案例。

作为杭州应用声学研究所 2022 级硕士研究生,曾经从复旦旅游管理专业成功转到电子信息科学技术专业的校友卞同学如此描述自己的经历:

> 一开始填报志愿,我是按照专业的分数线来填的,没有具体考虑自己的喜好,家里人的知识水平也对这个不太了解,所以就选了管理大类。在旅游管理专业分流以后,我觉得还是不行,可能自己还是对工科更感兴趣,对工科的未来也更有信心吧,所以我就报了名,想转到电子信息科学技术专业。
>
> 转专业要根据专业原本的人数去计算对应的名额,我报的专业名额比较多,好像有 6 个,所以当时我觉得(整个过程)

比较简单。但其实最后我感觉每个专业的难度都差不多,因为就算有的专业只能接收一两个人,可能报名的也就一两个人,所以不必过多考虑名额吧……

在新的大一的第一个学期,我学起来还是比较困难,主要是一些物理、编程的内容。当时感觉自己天天在写作业,完成课上的东西,玩的时间比较少,但寒假之后就渐渐适应了,比起之前学得安心了很多。

在充满弹性的转专业机制下,一些复旦学子的职业轨迹随着专业选择而悄然转向。曾经从生命科学专业转到广告学专业的校友陈同学目前正以热爱和热情坚持在与广告学相关的职业道路上:

我当初选择自然科学大类,主要是出于一种基础教育阶段的"惯性",因为大学前的竞赛经历给了我正向的反馈。但实际上,我对生命科学专业的认识来自想象和"脑补",以至于真正进入该学科之后,我发现自己并没有那么合适(对科研的兴趣和热情不高),再加上复旦有比较灵活的转专业机制,所以我成功转到新闻学院广告系。

之所以转到广告系,很大一部分原因是我从生科院同学处了解到了一些趋势(护肤、医美等),产生了去做市场营销的想法。欧莱雅(中国)和复旦有一些合作项目(比如欧莱雅义卖),我在本科期间参与过此类活动,再加上我本科阶段有生命科学和广告学两个方向的知识积累,所以毕业后最终选择入职欧莱雅的活性健康化妆品事业部,现转岗到高档化妆品事业部。

值得一提的还有比转专业更加灵活的一种跨学科学习方式,即学生基于学分制原则,为自己"定制"个性化修课方案。

复旦2012级校友李同学来自药学院,然而,她的本科阶段却在化学系实验室里"泡"了四年。她回忆道:

> 复旦的选课比较自由,你可以选各个学科的课,其实没有特别的限制。当时我确实学了很多化学专业的课,完全没有感受到过限制,真的。我有的课修了学分,有的是去旁听。化学系的老师也都很乐意,会非常支持学生!

学分制是复旦课程体系的基础。尽管每个专业都会为学生定制统一的培养方案,列出学生必修和可以选修的课程或课程模块,但在学分制的原则下,学生其实能够在全校范围内自由选课,以修课的实际情况核定学分,满足培养方案基本要求即可毕业。

离开复旦后,李同学赴斯坦福大学攻读博士学位,如今在硅谷一家新能源电池领域的初创公司从事研发工作。当年那个常常在张江校区和江湾校区之间赶着上课、做实验的她,为自己的未来埋下了重要的伏笔:

> 我当时修了好多化学系的课程。虽然药学和化学有相通之处,但也还是有很多不同。像做科研的时候,如果涉及到化

学里的能源储存、电催化等知识,这就跟药学的课程内容跨度很大,需要在化学系修相关的课。

由于培养方案往往包含较大的选修课空间,而且在四年学制内,学生选课数量没有上限,所以原则上,复旦的本科生完全可以依据自身意愿广选课、多选课。在这样的制度下,部分学生找到了一片不同于大类培养和转专业的跨专业学习空间。上述李同学的故事,以及第一章中徐同学的故事都是典型的例子。

不难看出,大类培养打下坚实的"地基",转专业机制提供更换"赛道"的可能,学分制敞开最宽阔的"怀抱"——复旦的这一系列设计可谓苦心孤诣。而实际上,机会还是留给了真正有想法、有准备、有闯劲的学生。复旦为学生提供的多元、宽容的探索空间,并不是单纯为了让他们能有"第二次机会""备胎""退路",而是希望激发学生最自由的探索,包容一切最适合每个人的发展路径,让所有学生都尽可能地走上发挥其才华,散发其光亮的人生之路。

贯通的"第一课堂"与"第二课堂"

课堂、实验室等通常被称为"第一课堂",是复旦本科学生进行学业探索的主要场所。同样的成长也发生在由社团活动、学生工作、社会实践等组成的"第二课堂"中。

相比"第一课堂","第二课堂"无疑有独特的教育意义,而那些将两者有效贯通起来的学生,往往能从中收获对其专业发展至关重要的探索——2016年入学化学系,后来去到文物与博物馆学系读博的王同学,正是一个典型案例。

高中时,王同学有过生物竞赛经历,但因为兴趣选择了化学专业。初入大学后,她所在的希德书院启动"启明星科创项目",鼓励新生进入生命科学相关的交叉研究项目历练。于是,自觉在生物方面有些实力,且对科研充满好奇的王同学参与其中,加入了和结核杆菌里的蛋白毒性相关的课题团队:

> 有一句玩笑说,21世纪是生命科学的世纪,但生科的实验其实培养一个高中生来做就可以了。我做了生科实验之后,发现好像确实是这样,因为实验的内容比较重复。但从意义上来讲,我们做的事情还是挺高端的,而且那段经历让我学到了一些科研的基础素养。

> 当时我大一,课程比较多,江湾(校区)也比较远,能用来去做实验的时间不会很长。我们一个星期才做一个周期,去把菌养活,然后再把蛋白提出来。因为我们那时对实验操作不熟悉,所以出了很多 bug,失败了很多次,最后也没拿出什么比较有意义的成果。但是我很感谢当时那位博士师姐,她手把手地教会了我们很多东西。从她身上,我感觉看到了能成为科学家的人应该具有什么样的素质——非常的严谨和认真……我觉得我们早一点知道真正的科研生活是什么样子挺好的。

王同学坦言,尽管她后来离开了生命科学领域,去了文物与博物馆学系读博,但正是这第一段"第二课堂"的经历,燃起了她内心对科研生活的向往。而后，从通识课程《文物鉴赏与体验》中，她开始真正与文博结缘：

> （这门课）带学生认识不同的文物大类，比如园林、瓷器、玉器等，让我们了解每个大类下，文物的发展趋势和审美体验，也会给我们推荐很多博物馆和展览……一开始，我对文博系是不太了解的，不太清楚这个专业方向到底是在研究什么。记得当时有一个比较火的纪录片，叫《我在故宫修文物》，我就想当然觉得，文博大概就是做那些相关的事情。
>
> 这门课让我了解到我们学校的文博系真正在研究些什么东西，比如它有文物、博物馆学、文化遗产学这样的专业细分——有了了解才有更深入接触的可能嘛。另外就是任课老师的学者气质，我觉得（对我后来的转向）也挺有关系的。当时赵老师经常给我们带一些她自己和她先生买的藏书。我经常被她这种学者气质吸引，就（对做这个专业相关的事情）更心向往之啦。

对于自己感兴趣的事情，学生们总可以在学校找到相应的机会去更深入地探索——这或许是多元包容的复旦校园里一种"偶然中的必然"。

到了大二寒假，王同学在团委实践部做学生工作，碰巧遇见上海一家文物机构"朵云轩"的老师来到复旦。于是，王同学邀请这位老师参与她正在筹备的假期实践项目，并邀请了文博系的赵老师做指导老师，一起去了解和调研版画相关的非遗技术，及其保护、传承和活态化进展。

在寒假期间,由化学系同学们组成的小队各自回到自己的家乡,了解当地非遗技术,对比不同区域的非遗传承与发展情况,以及不同的挑战和对策——这次实践更拉近了王同学与文博相关领域的心理距离,使她真正产生了以保护和传承文化为己任的志愿。

更巧的是,在寒假后的学期,王同学从同窗口中偶然得知,学校中华古籍保护研究院的某位老师正缺一位能做实验的理科学生做科研助理,以协助他完成一个纸张修复的项目。

"正好!"王同学回忆道,从这个科研助理岗位起步,她由此真正打井了文物科研之旅,也第一次直接认识到化学学科和文博专业之间的可交叉空间:

我觉得这段经历挺有意义的,而且很巧。大二下学期算是空档期,(课程)没有那么忙,正好可以去尝试一些自己认为可能的发展方向。像我认识的一些文科专业同学,他们可能会出去做个一周四天或者一周五天的实习;理科的同学往往不会这样做,他们会进课题组做实验。

我当时就是去做了这个科研助理,通过动手做,非常深入、直接地了解了古籍保护中的要求,以及需要掌握的知识。后来我本科的毕业设计做的也是纸张保护材料的设计……我当时想得更多的是从事文物学的研究,其实没有想好将来是否要去从事文物保护工作,但这段科研助理经历跟我后来的选择其实有很大关联。

大三时,王同学已基本确定要走文博方向。她在文博系尽可能多地旁听感兴趣的课程,抽时间逛遍了上海的博物馆和展览,同时开始准备申请境外的硕士项目。然而,受不可控因素影响,在出国的希望变得渺茫后,王同学最终通过跨专业考研,如愿以偿地就读了本校文博系的专业型硕士项目,用自己的化学背景献力文物保护领域,有意识地走上了多学科交叉的"文物工作者"之路:

> 文物有不同的种类,从大的方面去区分,首先可以分为可移动文物和不可移动文物。我们课题组做得比较多的是不可移动文物。
>
> 举个例子,在对乐山大佛的保护中,学科交叉非常多,和地质学、环境、气候的联系都非常紧密。我是在硕士的时候又自学了地质学的一些内容,才能够很系统地去理解这个问题。
>
> 在我看来,在文物保护的流程之中,化学(的应用)其实算最后一步了。在此之前,你要先理解它的历史价值、文化背景、存在的问题等,然后才去思考用什么样的手段进行保护——保护手段不仅要在技术上合适,在价值上也要合适。
>
> 所以文物的(保护)需求其实要综合这两者去提出。像乐山大佛所在的地方比较潮湿,有很多微生物,那我们就需要用一种抗菌、耐水、耐高温高湿的材料去保护它……但除了技术手段,我们身上还有一种责任——需要向公众解释为什么这样保护,为什么这样做是适合它的历史背景和文化价值的。

从化学专业成功转向文博领域,王同学的经历不是一蹴而就的,贯通的"第一课堂"和"第二课堂"、师生间卓有成效的沟通……
这些经年累月的沉淀共同帮助她完成了人生中一次重要的转向。
在复旦,只要学生有所追求,探索空间就是无限大。

"2＋X"多元发展路径

经过磨合,到了大三或大四,我发现自己仍然不适合所在专业
的培养,怎么办? 到了大三,我发现自己不想走"寻常路",而是想
开始创新创业,是否有合适的机会与资源?

在本科高年级阶段,大类培养和转专业的时间段已过。对于
此时产生新需求、新疑惑的学生,复旦于 2019 年全面推出的全新
"2＋X"多元化人才培养方案是一条值得关注的发展路径。

在"2＋X"中,"2"指通识教育和专业教育,这是本科人才培养
的两大基础;"X"指人才多元培养路径,主要关注专业进阶(比如进
阶课程和荣誉项目)、跨学科发展(比如跨专业主题学习和双学位
项目),以及创新创业培养三种不同路径。

受访者孙同学是英语专业的大三学生,他有志于向法学方向
发展,于是选择了 1 个法学学程包——在总计 150 分的培养方案里
修读 15 分的法学课程。这不仅帮助他了解了法学的专业知识,而
且在法学院感受到了相关的专业氛围,结识了法学院的好友,接触
到了法学院的教授,也对复旦的法学资源有了更加深入的了解。

此前,修读法学第二专业(以下简称"二专")的同学需要在工
作日晚上和周末,额外修读 40—60 分的二专课。相比之下,孙同
学以更小的代价成为了一名"法学人",并顺利保研至某知名高校

的法学院。

可以看出，选择广泛可谓是"2＋X"培养方案最大的优点，具体来说，就是能帮助有志于多元化发展的同学以较小的代价尝试尽可能多的选择。通俗地说，该培养方案可谓是把原本的"辅修制""二专制"替换成了"学程制"。所谓"学程"，则是浓缩版的二专。

> 我觉得计算机可以结合一些别的课，比如生物信息、计算化学、金融，甚至历史，这能得到很多不错的东西。还有些同学就想学人工智能，想选一个"2＋X"，然后去学生物，然后再做一个信息分析……我们学校在学科交叉方面的设计还挺不错的，因为很多同学并不完全想从事自己学的方向，"2＋X"可以让大家更早地确定自己想做什么，也可以把个人的潜力跟优势最大化。

以上是从微电子专业转到计算机专业、现已直研本校本专业的韩同学对"2＋X"培养方案的切身体验。

还有大四的谢同学，她来自物理专业，处于二专和"2＋X"的交叉期。经过权衡，她选择了"＋X"中的新闻学和日语学程。在正常毕业的前提下，这个选择帮助她收获了媒体素养，并接触了日语，大大提升了自己在就业市场中的竞争力。

综合来看，在原培养方案学分范围内，"2＋X"方案为学生提供了更广泛的选择，使他们成长为复合型人才，并为未来的发展提供了多元可能。

成为多边形人才

在许多受访者心中,多元包容是复旦本科教育的底色。学生们相信,找到自适且自洽的发展路径,是人生的必需,也是他们在复旦最有意义的探索。在此基础上,他们认为,好的大学教育应当让学生习得积极应对未来不确定性的技艺,更习得长远的价值与核心的素养。

不少受访者在概括"顶峰体验",即让自己印象最深的本科经历时,会以"无论以后我做什么""在各行各业"这样的前缀表达对他们收获的技能或素养的评价,意指一种普适性、可迁移性,和永不过时。

在谈及通识课程时提到扩宽视野、培养兴趣、提升品位,在回忆志愿服务和社会实践时提到责任感和社会洞察,在讲述海外交流时提到跨文化交流能力,在回忆游学时提到历史感和审美观……正是这些经历,让这群"复旦人"成长为"多边形人才"——拥有较为全面的素质和技能,以应对一切未知的挑战。

复旦造就"多边形人才"的案例无疑散落在本书中的多处。在本节,我们将重点展开两项为许多受访者强调,却也被不少人忽视甚至误解的"硬核"学习活动——小班研讨课和学术写作训练。

小班研讨课

在复旦，班级人数通常在 15 人以内的小班研讨课是怎样的存在？

在许多受访者心中，这是一种"工作量巨大"，但"收获也最多"的课程形式——学生深度参与讨论并主讲，教师常常仅作为引导员存在，完全不同于中学阶段主流的教师讲授、学生听讲形式。

寻找研究兴趣、思考研究课题、阅读材料……不少学生回忆起小班研讨课的课前准备工作时，都笑称"掉了一层皮"。然而，他们也对这一挑战充满热情。数学科学学院的胡同学回忆道：

> 讨论课要求大家研究某个习题并进行推广，还需要报告进展。当时我觉得这是个好机会，想做个好玩的厉害家伙出来，确实比较有热情。我们当时有五个组，每组有三个人，每组隔三周汇报一次。如果我这一周刚刚报告过，可能下一周不会做相关的事情，但接下来马上就会看看下次要讲什么东西，相当于提前两周开始准备。

根据课程内容和教师风格，复旦小班研讨课的形式是丰富多彩的。且看这三位同学分享的讨论课堂：

> 当时，老师的办公室里有一块大黑板，我们会上去直接在黑板上面写。众目睽睽之下，在黑板上推导一道题或者一道

复旦大学航空航天系教授艾剑良与 2023 级技术科学试验班同学开展研讨

来源：复旦大学公众号《小班讨论，让这门课有趣有料又励志！》https://mp.weixin.qq.com/s/E-RLvZdHW4NKPDKb4yx5Ag

复旦大学化学系长江学者贺鹤勇教授长期带教小班制"物理化学实验"课程

来源：复旦大学教务处公众号《突出基础学科特色，创新拔尖人才培养——复旦大学化学系本科教育教学》https://mp.weixin.qq.com/s/uDjQKWt7lRyYnadCtgWnCw

公式，可能令你这辈子印象都很深刻，尤其是老师还坐在底下看着。在同学写的过程中，老师会让我们指出问题，或者让我们给出一个更好的推导方法。如果坐在下面的同学有什么不一样的想法，可以当场说出来，一般就举手，问谢老师这道题能不能这样用，这个方法行不行。（钱同学，航空航天系）

我们讨论班主要的形式就是老师给大家一本书，每星期换一个人上讲台去给大家讲其中的一个章节。就这种讨论形式来说，我们的压力还是蛮大的，因为你要把书看懂，然后还要让大家听懂，而且还是全英文。我觉得这是一个很大的锻炼，无论是阅读能力，还是口头表达能力，还有知识方面，都会得到提升。而且在这一学期的学习讨论中，我们跟老师交流比较多，老师研究的方向是我比较喜欢的理论物理，总体觉得比较有收获。（黄同学，物理学院）

有一门小班课的老师，她会让大家发邮件说明在生活中看到的跟视觉文化、社会性别相关的问题。她每周都会选几个问题发到群里面，大家一起在线上进行讨论。我觉得这门课让我更好地去看待社会，我会有意识地去发现一些社会现象。（陈同学，外文学院）

在小班研讨课中，学生是讨论主体，但这种讨论却绝非学生的自娱自乐。

不少受访学生表示，在课堂上，教师和助教时而像"放风筝的人"，牢牢把握讨论主线，时而像"场外教练"，不时进场为学生提供个性化指导。正如以下两位同学所说，小班的优势之一是来自老师的关注：

> 大班就像"大锅菜"，小班就像精品"小炒"。在小班课上，老师能够更好地因材施教。我们现在在上学校的通识教育美声课，老师会让每个同学都唱一遍，唱完之后，老师马上就会跟你说问题；包括同学唱的时候，老师也会及时反馈，比如这个同学唱得有什么问题，下面大家听一听谁还有同样的问题。（陈同学，外文学院）

> 《生物技术》是一门实验课，我感觉这是我实验课的启蒙。当时班里只有十几个人，教我们的是一位非常温柔、可爱的"小老头儿"。他会非常认真地转到每个人的显微镜面前，让我们给他分析自己显微镜视野里的东西，类似这个是什么，那个是什么。他非常和蔼，也指导得非常细致，而且课堂氛围比较好，大家都在跟助教或者是老师讨论问题。（杨同学，生命科学学院）

师生讨论通过语言实现了知识的流动，擦出了思维的火花，更于不经意间促成了学生的成长。数学系的张同学认为，研讨课给同学们提供了一个沟通、学习的场域：

> 首先，讨论课相当于从大学入学就开始培养报告的能力——你得至少先跟同学说明白一件事情。其次，讨论当中很重要的一点在于，同学可能比老师更了解你，你不会的，同学也会遇到，他们更能理解你为什么某个坎没有过去。

计算机科学技术学院的谷同学则感受到，通过小班研讨课的"打磨"，自己的思维变得更加开阔：

> 讨论课需要大家交流，我觉得这种课还是能学到很多。如果你能和你的同龄人有不同的看法，你就会产生很多思维方式上的碰撞，会去思考为什么有这样的不同，是我们从小受到的教育，还是其他的什么原因导致的——你可以从反思中寻找更多的自我认同。

正因为研讨课对复旦本科生综合素质提升发挥着不可替代的作用，学生们亲切地将其比喻为"多边形战士"养成的良机。

学术写作这门"必修课"

本科学生进行学术写作不仅是为了"交作业"，它更是一种思维训练，或者说一门"必修课"。

以多数本科的终极"学习模块"毕业论文为例，不少受访者表示，完成毕业论文和设计是本科"最痛苦"的经历之一；但同时，这也是系统性掌握写作方法的绝佳机会——犹如从零开始搭建一座房子，从打地基到建造房屋，每一步都要细细打磨。

可以说，毕业论文完成过程是非常个性化的体验。来自护理学院的王同学提到了令其印象深刻的毕业论文写作经历：

　　大四开始写毕业论文后，我觉得导师的帮助还是挺大的。我的老师非常用心地帮我改论文——打开他给我发的批改文件时，我都感到很震撼。他算是我科研路上的启蒙人，从选题、开题、发放问卷到收集样本，这期间我都跟老师有交流，他也很耐心。一开始，我还没有规范自己的写作方式，比如一些格式用语。但受指导老师的影响，最后我所有的论文都写得非常规范，我觉得这对刚入门的学生是比较重要的。

　　学术写作绝不仅仅是"码字"，更是阅读、思考、表达、分析和组织文字等多个维度的有机结合。一位来自哲学系的同学提到：

　　　　我在写论文的过程中确实学会了很缜密地思考，因为我们哲学论文讲究提出一个观点，并进行论证；同时，你要考察所有可能有价值的反对立场，对其进行反驳。我觉得我的能力在"提出观点-论证-反驳"这种不断的论文训练过程中提升了很多。它的特色在于，它讲求的并不是实际的成果，而是论证是否合理、自洽。比如从你的上一句话到下一句话，逻辑是否严谨？这要求我们去看很多文献，看原著作者是怎么提出观点并进行论证的。

　　可见，无论是否选择走学术道路，成为"研究者"，复旦学子都在参与高质量写作的过程中进行能力的提升。在不少受访者的回忆里，这一过程从大一就早早开始了。很多课程的"论文"或"报告"考核方式常常令高中毕业生们丈二和尚摸不着头脑，感到无从下手。低年级阶段的写作训练在学生们看来迫在眉睫，至关重要。来自广播电视学专业的熊同学就提到：

> 我在比较早的时候上过一门讲人类进化的课程，老师讲了写论文的一些格式。虽然这跟课的内容没有很大关联，但那应该是我第一次接触比较规范的写论文的方法。我感到后来写作的时候会稍微轻松点，或者说条理更清晰一点。

在复旦历史学系，从低年级开始严格限制论文重复率，是督促本科学生真正参与学术写作的一种方式。低重复率是论文原创性的重要指标。来自历史学系的张同学说：

> 我们系的老师都很负责，要求比较高，基本上会保证每位同学都达到一定的专业要求。比如，我们系从大一开始就比较注重查重，而且我们系的论文查重率会限制在很低的标准。

来自中文系的王同学和来自法语语言文学专业的孙同学则不约而同地提到，正是复旦老师和助教"手把手"的写作指导，帮助他们经历了完整的学术写作训练，并在持续的论文修改和反思过程中提升写作能力。

> 之前我上过一门课，我的论文除了得到一个成绩之外，还得到了老师非常个性化、非常详细的反馈，对我的学习有很大帮助——我终于知道我论文的问题在哪里了，或者说我终于

知道应该怎么写论文了。（王同学）

　　我运气还不错，遇到了历史学系欧阳老师开设的一门课："古代近东的英雄与神祇"。她把通识论文写作的技巧融入了课程设置中，讨论课时会让助教看我们的期末论文选题，教我们怎么样去把它写好，会指出问题，还会发通识论文写作指南。我感觉这门课对我各方面素质提升比较大，我知道了该怎么写论文——这是个很严肃的问题，很多"小朋友"是不知道怎么写论文的。（孙同学）

　　严肃写作难吗？的确不容易。但当学生真正把生活体验投入写作任务中时，学术写作训练也不失为深度学习的宝贵机会。来自外文系的石同学就提到了一次"刻骨铭心"的学术写作经历：

　　在大二的时候，有一门课是多文体写作，老师要求很严，作业很多，基本上每两周就要写一篇作文。当时，有一篇作文是老师定的题目，modern types of worries，就是现代忧虑的分类，大家可以畅所欲言，想写什么就写什么。

　　我当时受到某些事件的启发，写的是女性在这个现代世界可能会遇到的各种困难。我当时写这篇文章的时候，手边就放着餐巾纸，边写边哭，最后光餐巾纸就擦出来了一大堆。我到现在还依然觉得这个经历刻骨铭心，因为写的过程中真的是以笔传情，真的把我的情感写了出来。那篇作文后来得了满分，老师说他任教了 32 年吧，这是第一篇给出满分的作文。

　　所以，综合很多种因素，我在压力之下完成了这个任务，并且在这个过程中思考了很多事情，我的情感在文字中得到了深切的共鸣，而且传达给了同学和老师，得到了他们的认可……这些一起构成了一个让我觉得很有幸福感，很有成就感的时刻。

在课堂之外，复旦学生们也受益于复旦图书馆等平台——不少学术写作相关活动会通过微信推送、线下海报等形式传递给学生，让他们从中获得学术写作的基本知识，并解答自己可能有的疑惑。然而，如果没能先正视学术写作的重要性，学生也很容易错过这些资源。正如来自旅游学系的易同学所说：

复旦图书馆会很定期地告诉你如何写文献综述，如何规范论文格式，我经常看到这种文章。但是在入学前一两年，我并没有论文规范的意识，比如我当时对于引用或者说脚注没有很明晰的概念，甚至觉得这挺笨的。所以当时看到图书馆发的这些文章，我会觉得我只要写东西就好了，为什么还要管写作规范这个问题。直到后来，我慢慢写论文写得多了，才发现自己之前的写作格式确实不规范。

同样在毕业前夕对自身在本科阶段的写作训练抱有遗憾的受访者其实并不少见。例如化学系的曹同学就直言"希望能接受更多的写作训练"。希望这样的前人之鉴也是后人之师。对学术写作的学习，不仅是为了完成课程考核和学术论文，更是为了训练严谨、流畅、审辨的思维能力。

磨炼硬核，追求卓越

对科研"祛魅"

"我该如何开始科研?"这往往是萦绕在本科新生心头的一个难以言说的困扰。此时,"科研"二字往往显得遥远而神秘,让人望而却步。

离开了中学时代对给定"答案"的追求,大学阶段的学习更多时候是一种研究性学习或探究式学习——老师不再单纯给定问题和答案,学生需要独立参与某个主题或议题的学习和探究,甚至成为项目负责人,在具体而深入的学术参与中逐渐感悟一些问题的"答案",比如知识如何生产、灵感如何变成论文或著作、学术界如何讨论问题等。

为了给本科学生一个明确方向的机会、一个实现科研抱负的平台,复旦创设了多种场景与契机——学科竞赛、教师科研项目的研究助理岗位、具有探索性和研究性的课程活动及夏令营……此外,还有希德书院的"启明星计划"。通过"导师提供科创课题+学生自主参加"的形式,该计划成为了很多自然科学专业学生的"科研初舞台"。

通过不同机遇接触科研的复旦学生们纷纷表示:"不要轻易放过那些让你觉得兴致勃勃,抑或仅仅是简单可行的科研契机!"你不可能成为你没见过的人——体验本身就是一件有价值的事情。勇敢迈出第一步,揭开科研的面纱,它也许没有你想象中那么神秘、艰深。

大气与海洋科学系 2018 级本科生,后直博至本校"大气物理"方向的陈同学,大一时出于对科研的好奇,选择了对启明星计划中一个"比较好操作"的项目下手。而这次低心理成本的尝试,却意外开启了她的科研"祛魅"之旅:

> (我)大一的时候对科研非常好奇,当时真的是没有什么概念,觉得科研是一个非常艰深的领域,然后就很想试一试。刚好希德书院推出了启明星计划,我就选了一个比较好操作的项目——探究水在不同环境下产生的漩涡会有什么不一样的形状特征,是跟物理系的同学一起完成的。
>
> 我们就自己手动做那个(实验)装置——自己买的发动机、自己买的桶,然后为了在晚上做实验,跟厂家订那个聚光带,就还挺有意思的,收获了一些对科研的认识和动手能力。那是我的第一个项目,(也是我)第一次写科研论文,当时感受还挺深的,就觉得自己完成了一项重大的任务,挺有成就感,(觉得)原来科研论文是这样的。

这位对未知有强烈好奇心的女同学又继续在大一下学期和大二上学期尝试了一个生物方向的"启明星项目"(转基因水稻培育)

和一个环境方向的"曦源项目"（地质遥感）。此后，陈同学居然发现，自己对物理、生物、环境这三个方向都"不太感冒"，最终选择攻读大气与海洋科学专业，并在其中找到了愿意为之奋斗一生的兴趣点：揭示大气现象中的机制。

在一次又一次的探索中，陈同学品尝到了探索未知的"甜"。在毕业论文发现了难得的、令人欣喜的研究结论时，她怀着幸福感和成就感，表达了她对这一段科研之旅的感情：

> 做科研（的感觉）就像我买了一袋糖，这个糖特别难打开，但我就费着劲想把它打开——我知道最后一定会有糖，在（打开的）过程中我就很努力，也一直很开心，就像我知道某一件好的事马上就会发生，然后我正一步再一步地临近（发生的）那个日期。

从小怀揣科学家梦的牟同学来自生物科学专业，她的大学科研"首发站"也是"启明星项目"。在大一下学期专业分流之前，牟同学未曾想过自己将在生科方向深耕——此前，因为在高中时期参加过物理竞赛，她曾设想自己会选择物理方向。然而，她最终不仅改变了这一想法，还放弃了高绩点学生首选的大热门专业：大数据。

发生这一系列转变的契机源自大一上学期，牟同学因为熟识的人的特殊经历，而选择进入一个生科实验室：

> 大一（上学期），希德书院有一个启明星科创项目。辅导

员(老师)跟我们说,上大学以后可以多参与一些活动;我觉得(如果)能提前一点进实验室,对自己有比较大的帮助,能感受一下未来的生活。我本来想选物理方向的项目,但XX老师关于渐冻症的研究项目吸引了我——初中(时),对我非常好的班主任后来就是得(了)渐冻症,然后就慢慢退出教学岗位了。(我)当时看到那个课题的时候,感觉自己能在这方面从事一点研究也是挺好的,所以就选了这个课题。在一点一点往下做(研究)的过程中,(我)就突然觉得生物学方向也挺有意思,所以最后就选了这个方向。

科研也许正如陈同学所经历的那样,开启的契机可以简单,最终滋味却是甘甜。然而,在出现契机与品尝甘甜之间还有不小的距离,要跨越这段鸿沟,光有勇于尝试的雄心远远不够。

牟同学至今仍然记得自己第一次进入实验室时的束手无措。尽管怀有科研理想的她早就打算在实验室大干一番,可现实似乎总多了些"骨感":

其实实验室是一个(我)完全没有接触过的场景,刚刚进去的时候会感觉非常陌生——感觉自己都不知道该做什么,感觉站在哪个地方都是不对的。好在师兄师姐都比较善解人意,非常能够体会到我的感受。他们应该也是从这个阶段过来的,所以就很照顾我。

在叩响科研之门的道路上,同辈支持是一个重要的助力。来自核工程与核技术专业的王同学也表示：

> 大二的时候，因为我报了曦源项目，基本上一有时间就往
> 实验室去。最开始的时候，（我）还挺不好意思去的，因为都不
> 认识那些师兄、师姐，而且那些实验仪器我也不懂，（更）不好
> 意思麻烦他们。可是"一回生、两回熟"，（我）去多了之后，跟
> 他们就混熟了，也就有很多话可以说。

在复旦，"科研小白"所担心和畏惧的第一次做实验、第一次写
论文、第一次主持项目，都有一个循序渐进的过程，师长们将始终
给予陪伴和指导。

2018 级本科生钱同学来自航空航天系，后保研至本校本专业
继续攻读硕士学位，他回忆：

> 我进组之后，老师让我跟着一个学长去学，当时（我们）主
> 要是（做）计算模拟方面的东西，（要）去学习一些基础知识，学
> 习一些软件的应用，积累一些文献工作。然后到大二，我干的
> 就是当时课题组里一个很大的横向项目里的一个小分支。
>
> （大二）下学期，（我）就跟老师商量，导师说在项目的分支
> 下能不能自己拓展一下，确定自己的研究题目。导师给了我
> 很多方面的启发，也给我指明了方向，之后我就去申请了自己
> 的项目，再这样一步步做下来。
>
> 作为一个本科生来说，刚接触科研，开始一个全新的项目
> 课题，其实挺坎坷的。组里面没人干过这个方向，我当时就真

的是一个人单打独斗，把这个方向硬是"砍"下去了。最后也没什么，就跟导师一起合作，把这个项目给做完了。

钱同学提到的导师所给的启发，其实正是学术研究中最为重要的环节之一——发现问题、提出问题。问题从何来？如何获得研究的灵感？这对初次接触研究的本科学生而言，确实颇有难度。让我们来看看这位复旦校友的研究灵感来自哪里——在东部某市辖区挂职时，其参与的"违章建筑拆除"事例启发了其对"基层治理神经末梢"的探索：

> 挂职的时候，你可以接触到很多你以前看不到的东西。像拆除违章建筑，这个其实是比较敏感的，因为它可能牵扯到上访这个词，就是基层（治理）和民众的矛盾……后来，（我们）把那个时候见到的一些现象写（成）了一篇学术文章，（因为）相当于我们积累了一些实证上的素材（拆迁现场）。我们投了一些会议，然后，在一些会议上报告。那相当于是（我）第一次很正规的学术经历，就是写一篇文章，投到一个会议，然后在会议上讲这个文章。这算是我的一个（学术）入门。

看到这里，你或许觉得，对科研去神秘化的过程没有想象中那么困难。相比对科研"祛魅"本身，学习和掌握做科研的方法的确是更进一步的挑战。上文提到过的牟同学回忆：

> 我大一的时候，大约一周去一次实验室，师姐在做什么，

我就跟着学什么。大一到大二的暑假，我参加了一个生科院的夏令营。（它）要求大家用一个月的时间学习两个模块，可以是生化或者细胞等，然后自己设计实验、做实验，最后写一个实验报告。这段过程（我）感觉非常累，经常要写实验计划或是实验报告到凌晨一两点，然后早上还要赶校车去江湾校区做实验，节奏很紧张，压力也挺大。但是，这段时间确实（让）我的科研能力有很大的提升，它让我对科研有一个整体的把握，让我知道做科研应该是怎么样的一个流程——虽然之前我（也）做了一年，但那完全是在师姐的指导下去开展工作的，我对整个流程还不是特别清晰。

然而，从大二到大三，牟同学的实验几经坎坷，始终没有得到理想的结果，最终未能成功申请专利。但她仍致力于寻找自己可以奋斗终身的科研兴趣点。而在本科阶段收获的科研经验和技能，也成为她后来放弃相对安全的本校直博选项，转身争取外校（清华大学）实验室保送资格的底气：

（我）大学的整体规划感觉还是想朝着科研的方向去努力，但也没给自己设特别高的目标，比如说我大学（期间）要发多少篇文章。我更希望自己能够在科研上找到一个心仪的方向，我觉得这就是我大学期间的追求。

我希望自己对不同的学科有一个理解，因为如果就一头埋在我现在做的方向（里），我可能会对其他的方向一无所知，更不会知道其中某一个可能更适合我。我准备用一种负责任的态度，一直坚持尝试找我的兴趣点，希望以后能够从兴趣出发去做科研。

不像大气与海洋科学系的陈同学那么勇敢，也不像生物科学专业的牟同学那样坚定，核科学与技术系 2019 级本科生王同学初入大学时相当迷茫、自卑。但在科研中，他意外找到了自己成长的方向，更收获了勇往直前的信心：

我从农村来到复旦，没有信心可能是我最大的问题。我当初申报曦源项目的时候，大概也就抱着试一试的心态，因为我也不知道自己到底合适不合适做科研。其实刚接触科研的时候，我就感觉好难、好复杂，自己好多东西都不会。其中有一段时间，我都怀疑自己到底该不该报"曦源项目"这个东西。然后我就跟老师聊，后来发现当时我自己感觉可能是非常大的事情，在老师看来就非常正常，他说（如果有）什么不会的东西，就可以直接跟他说。后来确实很多不会的东西也都是向老师请教的。然后那个项目竟然完成得还不错，在中期的时候评到了优秀，我当时也非常开心。顺利结题之后，我感觉做科研的这种节奏、环境都还不错，就又申请了难度更大的"箸政项目"。

要说（第一个）项目的收获，我就感觉是给自己增加了一种自信——对于别的项目也敢申请（了）。信心其实是在一件一件事情中逐步建立的，这是一个很好的过程。可能（如果）一开始觉得它没有那么（有）挑战性的话，反而得不到这种信心的建立。

在坚持完成了高难度的"箐政项目"后，王同学又鼓起勇气申请了"泛海学者"称号，并成为了复旦大学第三期"卓博计划"学员。他认为，正是复旦提供的科研平台，给了每一个想要尝试科研道路的学生独立承担项目的机会；学校在研究过程中提供的经费、导师和设备等方面支持，更让学生能够更充分地学习科研方法，并审视自己是否适合投身科研之路。

复旦独有的本科生学术研究资助计划（FDUROP）值得一提——学校在每学期的第四周开放 FDUROP 项目申请通道，由书院、辅导员或课程教师向学生介绍相关信息，鼓励大家自行申请自己的科研项目，并提供导师支持和科研指导。科研参与本质上是一种高级学习形式，可以横跨课堂内外，积累学习经验。不少同学在尝试科研活动后发现，科研与专业学习之间是一种互促的关系——"最好的学习是参加研究，真正的学问是经过研究得来的学问"。

对于数学系的梁同学而言，参与科研项目本身就是一种高效的专业知识学习方式。随着科研项目的推进，其专业知识体系得到再建构，这个过程中充满了学习的动力、兴趣和成就感：

> 做科研会激发自己主动学习的精神，因为本科生平时如果不做科研，就学专业课，也是一个在学习的过程，但是你做科研，你去学的知识都是很有针对性的，你学到的每个知识点都是对你的科研有帮助的。其实这样一个（主动）学习的过程，我感觉反而会比你被动地去学一些专业知识，成就感更多

一点，相当于是一个自己主动把这个知识学会、去建构的过程。

2017级临床医学（八年制）专业本科生胡同学也表示，科研激发了其对专业浓厚的兴趣：

随着科研项目的推进以及知识的增加，我认识到了生物体的奇妙，以及生物体各种组织器官的复杂性，而这也更加激发了我探索生物体里秘密的欲望。

2018级大气与海洋科学系大气科学专业本科生王同学、2019级计算机科学与技术专业本科生杨同学抓住申请科研项目的机会，将自己在课堂上习得的专业知识和技能，好好进行了一番实践，既巩固了不少知识点，也升级了很多专业技能：

经历了三年的课程学习，我终于有机会将学到的专业知识加以运用，这对我（来说）既是挑战，也是锻炼自己的机遇。这训练了我的耐心，让我变得更加细心，（我）找到了一些代码报错的规律，以及冷门的知识点。在"曦源项目"的成功经验下，我相信我会顺利完成毕业论文，给本科阶段画上一个圆满的句号。（王同学，大气与海洋科学系）

通过这个项目，我对甄别诈骗网站的各种方法有了较为清晰的认识，对于动态爬虫也有了更深刻的理解。同时，在项目过程中,阅读论文、编辑调试代码等也提升了我的阅读能力和代码能力,这将有助于我将来更深层的学习。(杨同学,计算机科学技术学院)

随着科研项目的推进,不少同学的专业认同感也慢慢加深——原本想要从核科学与技术系转专业的学生,经由科研发现了专业的魅力,选择不再离开;不顾外界反对,一直想要坚守药学专业的学生,通过科研进一步发掘了专业的价值,坚定了自我专业成长的方向:

其实做科研前后,我对这个专业的认识可以说是完全不一样,我当初其实在进这个专业之前也是想转专业的,然后因为我大一参加了曦源(项目),当初对那个项目,包括做(研究)的过程就很感兴趣。现在如果说让我转的话,我是有点舍不得的(王同学,核科学与技术系)。

我自己对热门专业(比如计算机、金融)有比较理性的判断和洞察,可能有些专业来钱快,但是也只是表面上热一阵,而人们对于生命健康的需求是稳固的。在药学专业的学习更加坚定了(我)从事药学行业的想法,尤其是大三入组做科研,让我找到了自己未来感兴趣的研究方向——AI和新药研发的结合,用AI作为工具,赋能新药的研发。尽管外行都在唱衰药学行业,但我相信这是很有价值的。(侯同学,药学院)

"原来科研就是这样""我不排斥待在实验室"的惊叹、"做科研的节奏和环境我都蛮喜欢""慢慢做下去还挺有意思"的吸引，"好难、好复杂，我什么都不会"的担心……第一次的科研尝试会带来什么，只有亲身去尝试才能得到答案。但可以肯定的是，无论如何，这一次勇敢的尝试都将为同学们打开新世界的大门，并发现一个崭新的、更好的自己。

从学科竞赛迈向卓越

学科竞赛是学生在大学期间挑战自我、追求学术卓越的重要路径之一，也是复旦大学擅长的培养方式之一。在很多学生心中，学科竞赛似乎是一座可望而不可即的"高山"，山顶的风光只属于极少数"天才型选手"。但其实，大多数学生都可以通过学科竞赛收获更美的"风景"。

激发专业荣誉感和学习兴趣，锻炼理论联系实际的能力和发现问题、解决问题的能力，培养创新意识和团队合作精神，锤炼坚韧、坚持的人格……这些都是学科竞赛可能带给本科学生的"礼物"。正因如此，在复旦，学科竞赛带来的成长并非只属于少数拔尖学生，而是具有一种普遍性。

以数学这一复旦传统优势学科为例，学校积极调动资源，为学生提供竞赛辅导，使数学学科竞赛成为了复旦学生最常参与的学科竞赛之一。来自数学系的胡同学对此颇有体会：

学校每年组织我们参加丘成桐数学竞赛，想报名的学生都可以报。学校（还）会给我们派指导老师，给大家进行一些讲解。数学的 5 个方向都会安排一些辅导老师，（我们）平时有问题就在群里发，老师会给你回答。我觉得辅导肯定是有些用途的。

毋庸置疑，在学科竞赛道路上"奔跑"与"追逐"的过程无形中塑造了学生的发展道路。

成绩在软件工程专业排名前 10%，后推免至清华大学深圳国际研究生院电子信息（大数据工程）方向的宣同学认为：

> 对我来说，竞赛的意义就是更好地了解学科。一方面，我能够更好地了解这些学科的内涵——这个学科到底是干什么的，它有哪些研究方向。虽然我们本科生能够参与的东西不一定是特别深的，但我们可以透过一些表面的东西去看到很多深层的东西，（这）对未来的发展方向就会有一个比较好的铺垫。另一方面，我参加的这些竞赛都是一些团体竞赛，我在这个过程中其实也是收获了很多朋友，以及团队合作（能力）。

在访谈中，我们发现，学科竞赛路径为许多参赛者的大学生活画出了"点睛"之笔，让他们获得了强烈的成就感。"复旦大学程序设计竞赛队队员"是数学系 2018 级学生张同学本科期间一张亮眼的"名片"，他表示：

> 我大一的时候参加了计算机学院组织的编程竞赛，成绩

也比较好,刚好踩到入围程序设计校队的分数线,然后我就进去了。(因为)正好我本来也(对编程)比较感兴趣,所以就在校队试试看。我高中时候幻想过,就觉得自己自学编程好像很厉害的样子。(进校队时就想,)现在居然真的有机会了。

我们在校队里要训练,基本上大一、大二的每个周六都要训练。校队会教我们怎么做题,(比如)给你时间限制,大概是4个小时,给你几道题,让你编出一个程序来解决这个问题,所以每周末都要花四五个小时。然后,你还得要总结,把没有做出来的题,在之后这周内再想出来。当然也可以查一查网上别人是怎么做的,(但)总归要自己写出来。所以每周总共得有七八个小时来做这个事情。

其次,假期里(要)再腾出来两周专门集训,每周一三五训练,周二、周四是写总结。大二又(这样)练了一年,(我)大三上学期的时候就比了一次国内的竞赛,拿了三等奖——奖项倒一般,但是为我这两年的准备至少画上了一个句号。

毕业后,张同学被推免至清华大学数学科学系继续深造。

环境科学与工程学院 2019 级本科生,后保研至本校生物医学专业的程同学是全国大学生数学竞赛(非数学类)一等奖得主。在回忆这件一直让其"非常自豪"的事情时,程同学首先讲起了学校的一场讲座:

我在去听竞赛讲座的时候,越听他们讲,我(越)觉得受益非常深刻。其实我比较早就知道这两位老师鼎鼎大名,后来还是在竞赛培训的时候，书院的教务（老师）把我们进决赛的同学拉到一个群里，然后邀请了老师过来给我们做讲座——我们当时第一次听到这两位老师的精彩授课，（这）让我记忆犹新。

我后来代表复旦大学非数学类（学生）参加全国大学生数学竞赛（上海市赛区）决赛，拿到上海市非数学类第一名的成绩，当时还是非常骄傲和自豪。然后（我）带着这个成绩在第二年的5月份去长春参加了在吉林大学的决赛，然后也拿到了全国一等奖，这是唯一我现在感觉还是非常自豪的事情。

探索、体验、付出、收获……在准备和参与学科竞赛的过程中，复旦师生不仅经历了汗水的洗礼，更迎来了成功的喜悦。

在强有力的专业平台上，越来越多的复旦学子正在挑战自我，一步步走出舒适区；而对复旦大学来说，以学科竞赛为代表的实践教学，正持续推动着创新人才培养模式和教育教学方法的改革，"托举"更多学子迈向"卓越"。

荣誉学位：挑战终极模式

每年夏天，一小部分复旦本科毕业生会在拿到学位证和毕业证的同时，收获一张特殊的"荣誉学位证"，以表彰他们在复旦硬核学业和科研训练的"终极关卡"中挑战成功——如果把复旦本科学业生涯看作一场"闯关游戏"，这条荣誉路径就是复旦学生面对的"BOSS"级挑战。在2019届至2023届所有复旦本科毕业生中，获得荣誉学位的仅约百人。

虽然只有极少数学生能最终拿到这一学位，但这一开放式的荣誉项目意味着每一位同学都有挑战自己的机会。

在这"宽进严出"背后有何故事？我们访谈了其中几位"幸运儿"，试图管窥这条终极赛道的一角，并揭秘这份"幸运"之下的努力与精彩。

在谈到荣誉路径时，来自 2019 级大数据专业的姚同学首先想到的是"挑战自己"；2023 年，他成为了大数据学院第一位获得"荣誉学位"的本科生：

> 这条路上压力巨大，你必须去挑战自己。（当初）上课的时候我也会觉得，这个课不在我的兴趣点上，我真的不想上。但最终，你逼着自己去了解，会发现很多东西没有你想的那么无趣。（荣誉路径）让我保持追求未知领域的一个动力……

诚如姚同学所说，高挑战是荣誉路径的最大特点——"以优异成绩完成规定数量的荣誉课程＋卓越的科研表现"可谓获得该殊荣的"标配"，具体要求则由各院系根据实际情况制定。

其中，荣誉课程通常是专业培养方案中既有的课程，但学分要求更高，内容难度更大，不仅注重学术前沿的拓展，甚至还包括研究生级别的科研训练。这类课程有可能完全单独开设，与"普通班"平行，即选修荣誉课程的学生与本专业其他学生分开上课，也可能在所有学生共修的"基础课"之外，以小班研讨或客座讲座的形式，为选修荣誉课程的学生另设 1—2 学分的"进阶课"。

　　至于"卓越的科研表现",通常要求学生完成一项校级科研项目(如"曦源项目""望道项目"),或是在高水平期刊、会议发表论文,又或是在大学生学科竞赛中拿到一等奖⋯⋯

　　来自生物科学专业的汪同学介绍了他上过的一门荣誉课程,课堂上对学生主动性的最大发挥令他印象十分深刻:

　　　　我们的"细胞生物学 H"(即细胞生物学荣誉课程)的周末部分是讨论课的形式,每节课会有一组同学提前准备,看一篇前沿文献,在课上把它讲出来,然后老师和其他同学会提问。类似这种训练对于我来说锻炼还挺大的,(因为)如果你要能给别人讲,那你自己首先要很懂——你准备的是一篇文献,但是为了弄懂它,你可能要多看 20 篇的文献。而且你不知道大家会问什么问题,所以必须要全方位准备好,这样对这篇文献的感受会很深。课上听的同学不仅要提问,也要整理笔记,所以无论是不是你讲,你都要很投入。

　　　　在讨论过程当中,老师还会讲文章整个设计的思路是怎么样的。你自己读的时候可能不会去想这些,(但)老师会站在一个比较高的角度去跟你说,比如这篇文章其实这个地方做得不好。如果发现文章可能有什么问题,老师也会鼓励我们说,那你就写邮件给作者去 argue 一下,你跟他说这个地方可能有问题。所以我们也写了很多这样的邮件,就是给作者去 argue,我觉得对我来说是一个很好的科学训练⋯⋯

　　开放性是荣誉路径的另一大特点——所有学生都可以选修荣

誉课程，申请校级科研项目等，所有学生也都可以随时选择退出，按自己需要修课，但并不以"荣誉学位"为目标。

"选荣誉课程，总归是没有什么坏处的。"汪同学坦言，"这是人人平等的一次机会，大家都可以放心尝试，即便学得不好，也没关系，因为像荣誉课程，它的退课时间是比常规课程更晚的。"

正因如此，荣誉课程在复旦有着广泛的"群众基础"。受访者们表示，"至少一半同学""几乎所有我认识的同学""所有对科研有兴趣的同学"都会在大二选修荣誉课程。

生物科学专业 2023 级毕业生李同学来自教育欠发达地区，本科低年级的课程一度让其"学得很吃力"。但抱着"试一试"的心态，李同学决定向荣誉路径踏出"第一步"：

> 我起初的想法仅仅是希望在荣誉课程中学到更多知识……大二进入生科院后，学院老师、辅导员和学长学姐给我们宣传了荣誉课程，告诉我们相比于普通班，荣誉班学习的内容更丰富、老师也有更多的前沿科研经验——我很动心，同时也很纠结，因为显而易见的，荣誉课程更难，会占据我更多的精力。
>
> 在纠结中，我决定在大二下学期上一门（荣誉课程）试试——不去真正挑战自己，怎么知道自己行不行呢？我选择了"生物化学"这门课，为了让自己不掉队，我提前一学期修读了普通班的"生物化学（上）"。随后，在荣誉课中，四位老师的授课让我看到了更广阔的科学世界、更先进的科研思维。我真的学到了很多普通班学不到的东西，期末最后也拿到了 A 的好成绩，这让我觉得我自己能行——是不是努力一把，我确

实可以试试把荣誉路径走完呢？带着这样的想法，我决定去冲击"荣誉学位"。

对于荣誉项目的开放性，有受访者表示，这是一个机会——"就当体验一把做科研，不喜欢就拉倒"；也有受访者认为，正是这种"随来随走"的机制，让所有动摇、退出的想法，都成为了"很真实的试炼"。

来自2019级化学系的赵同学在荣誉路径中经历过这种动摇，幸运的是，她最后通过这一路径顺利找到了未来的方向：

　　一开始，因为宿舍氛围比较好，大家都去上荣誉课程，我就也（抱着）很简单的想法——想试试自己做科研到底行不行……我当时上物理化学的荣誉课程，考核方式之一是学生选一个题，自己去摸索，然后把这个题给全班讲明白。我误打误撞选了一个题，后来直到去了解它背后的一些文章、一些研究方向，才感觉真的挺感兴趣！

　　在完成那个考核的过程中，我也产生了一些疑问，觉得如果有机会想去研究一下。很巧的是，那次讲完后，我在找一个新的课题组的过程中刚好遇到那个老师，聊了一下，他说他正想开一个项目研究这个东西，正缺人。我们一拍即合，我就选定了这个课题组，然后也根据这个方向申报了"曦源项目"，后来毕业设计也是做的这个（主题），就"一条龙"做下来了。

赵同学更进一步表示，除却知识和科研本身，遇见了一群具备

"科研向心力"的老师和同学,是荣誉路径带给她的最大帮助。她说,他们"打消了一些我以为是自己矫情才会有的迷茫……相当于帮我点破了我到底要不要一些东西"。

毕业后,赵同学赴清华大学深圳国际研究生院全球环境与新能源技术专业深造。

事实上,许多毕业后赴外校深造的"荣誉生"们表示,其实"荣誉学位"在保研或者深造申请中的作用并不大,因为"复旦之外的学校可能并不了解我们的这个体系",但他们仍旧很感激曾经走过的这条终极挑战之路,甚至有一种捍卫这一荣誉的使命感。姚同学认为:

> 目前我并不觉得大家对(荣誉学位)有很热切的追求,或者修了荣誉课程会很值得称赞,或者说很值得大家崇拜。我觉得它可能确实只是一个荣誉。假设复旦继续把荣誉项目做下去,至少像我或者我们这一届毕业的荣誉生,就代表这个项目或者这个学位的质量。所以,有的时候我也会想起这件事,我会激励自己——要为复旦的荣誉项目争口气。

那么,"只是一个荣誉"的荣誉路径,究竟让坚守它的"卫士"们得到了什么?

荣誉路径曾经带给姚同学的压力,最终转化成了前进的"底气"——从复旦大数据专业毕业后,他远赴得克萨斯州州立大学奥斯汀分校攻读计算科学专业博士学位:

从功利的角度看,这个(荣誉课程)训练的很多东西后来是没有用的。因为即便我做科研,最终也是在某一个方向上做,不可能涉及(荣誉)课程涉及的那么多方向。但是,它让我保持自己的好奇心,我觉得这是非常重要的! 如果未来在学术界发展,五年、十年之后,你现在做的领域可能都消失了。(所以)你如果想继续做科研的话,需要不断保持了解新东西的能力。

(荣誉路径)最终是一种思维的训练,在不同的领域,它有不同的思维方法。比方说,我在学可视化的时候,我们是这样子想问题的,然后对于神经网络,我们是那样去想问题,做计算数学又是另一种方式。未来做科研,你肯定要处理很多问题,不一定是某个单一领域的特定的问题。你最终要想,我怎么做开拓我的题目,做出有意义的工作,就像一棵大树要从一颗种子开始慢慢生长,在(让)它长大的过程中,你不一定只用一套方法。

汪同学毕业后则留在本校生物学方向继续深造,"细胞生物学"带给他的科学训练一直潜移默化地影响着他——"我发现在实验中再遇到失败,我的第一反应不是沮丧,而是去探究为什么数据会有问题,然后去看透别人的文献,看别人怎么解决的,再去修改——这个过程让我更加明白科研,能走得更远。"

李同学后来成功申请了爱荷华大学的博士研究生项目,赴美国深造,其对自己在整个荣誉路径中的体验有过精练的总结:

在学术成长方面，它让我提前了解了什么是科研，并且让我完成了一些最基本的科研训练，为我日后追求学术打好了丰富的基础，摸索到了自己后来的方向。荣誉路径最不一样的还是和在科研一线的老师学习的机会。普通班的课程基本都在邯郸（校区）上，实验课是在专门的实验教室上，实验内容也是精心设计好的。而在真正的科研中，很多实验条件要自己去一点一点摸索，一些问题要自己去优化才能达到最好的效果。这是普通的实验课没有办法让我们了解的。我上的很多理论课的荣誉课会配套相关实验，这些实验都是在主讲老师的实验室完成的，我们可以更加深入地了解最前沿的技术，同时我们还能从头到尾参与一个实验。

另外，很重要的，从个人层面，它让我的个人意志提升不少。从一开始的"我觉得跟不上"，到后来的"我也想试试荣誉课"，到"好难好累但坚持下来收获很多"，到最后成功申请到了荣誉学位。这个过程中的进步是巨大的，也让我的性格更加坚韧。

或许，复旦本科学生对于荣誉路径拥有的特殊情感，正是"复旦"二字打在学生心中的一个成长烙印。"从不那么功利的角度来说，我还是觉得拿这个荣誉学位对于我个人的成长很有意义，因为它毕竟是很大的挑战。我觉得学习本身就是学习的意义。你让我重来一次，我肯定还会再选荣誉路径……"姚同学坚定地说道。

体育是学霸的秘密

柏拉图把锻炼身体视为完全人格不可缺少的部分。而在复旦，一提到锻炼，就不得不提到"刷锻"，即在规定的早晚时间段内完成规定次数的运动打卡。

"刷锻"之所以在复旦"声名赫赫"，不仅因为这是复旦本科低年级学生必须完成的任务，更因为其中的必选项"早锻"，即晨起"刷锻"，精准打击晚睡晚起，促使学生养成健康作息，让大多数学生感到"痛并快乐着"。

对大多数同学来说，"早锻"这件"痛苦"的事儿虽然始于无奈，最终却让他们收获满满，比如规律的作息、充实的生活、难忘的风景。

为了能在 6:30 准时出发，去学校南区操场"刷早锻"，赵同学需要定好 6:15 的闹钟。"有一点点痛苦，因为起不来。"其坦言，但刷锻完成后，"觉得（生活）有点健康了，还可以起来吃个早饭，早早去教室"。高中就习惯早睡早起的温同学在本科第一学期带着"一种新鲜感"早锻，但从第二学期开始，"稍微感觉到刷锻有点麻烦，因为自己开始晚睡晚起了，还有些早八课程，刷锻的地方离宿舍也有些距离，加上夏天有很多下雨天，即使早起也刷不了锻"。然而，坚持下来后，温同学觉得"刷早锻还是挺有意义的，能逼自己早睡早起，形成良好的作息，而且早起也能看到不一样的风景"。

除了"刷锻"，体育课也是复旦低年级本科学生的必修项，学生可以在其中参与丰富的常规运动项目。而且，复旦的体育氛围跳动在校园的每一片运动场，并不局限于体育课堂。已通过"卓博计划"选拔的阳光组（非专业组）校排球队队员关同学表示："（我毕业后）想（继续）留在复旦的一部分原因是复旦的排球氛围。"他回忆：

> 我中学的时候接触排球比较少，就高三接触了一点。其实是因为复旦的排球氛围非常浓厚，吸引到了我，我才会四年（都）投身到这项运动中。我在复旦的排球生活甚至比学业开始得更早，就是在提前报到的第一天晚上（开始的）。我那天收拾完东西就随意溜达，南区有几个露天的排球场，正好在我宿舍边上，天气比较好的时候真是人声鼎沸。我那天就去看，受到了当时还在读或者已经毕业的学长、学姐们的热情邀请和指导，就这么开始的……学长、学姐的指导让我可以进一步提高我的排球水平，后面才会加入社团和球队。

复旦四个校区内都建有体育场馆，体育类社团常年在此提供基础和进阶培训，并组织各类活动和比赛，多数拥有运动习惯的受访者都加入了学校的体育类社团。规律的社团训练往往让他们找到同道好友，共同切磋技艺，感受运动的纯粹快乐。关同学说：

> 排球其实技术门槛比较高，好些基本动作要练习很久，然后它又是团体项目，在场上，如果（有）一个人他那一块位置的

南区操场,图片来源:复旦大学公众号 https://mp. weixin. qq. com/s/2＿OM＿16yboqZ2YYI1kX02Q

技术动作不过关,其实是会影响全场人的体验的。但学长、学姐们不会因为你的失误或者技术不过关就不让你参与,不让你融入。他们会鼓励你,甚至有一个学长当时在球局散了之后还会拉我留下来,单独指导我进行一些基础性的训练……

留在本校文物与博物馆学系攻读硕士学位的文同学是复旦女排队员,她认为,竞技体育首先需要运动员迎接对身体极限的挑战。她回忆,一次,在"沪台杯"开赛前,教练要求她在上场前练习100个发球。"我记得对面(当时)好像是台湾哪个学校的队员,就一边在换鞋子,一边看着我。我当时自尊心作祟,就很生气,(被)气哭了,但还是发完了100个球。"功夫不负有心人,"那天发球的效果就很好"，"（那前后），2019 年下半年大学生联赛是我状态的巅峰"。

四年的排球竞赛生涯更让文同学理解了"体育精神"四字背后所涵盖的潜力奇迹、团队意识，这帮助她从本科起步阶段的不顺中解脱，从而走得更远：

> 队里每个人各有特点。有一个队员跑得慢，但是在某些时刻，她能从老远捞回来那种很厉害的球，（最后）竟然还能得分。我觉得这种奇迹其实才是真正的体育精神。为什么说是奇迹？有很多人觉得这个球不像是她能处理掉的，但是那一刻，她的潜力全部（被）激发出来了……队里每一个人的潜力都被激发出来的时候，才是真正的体育精神。
>
> 我以前一直坚信我要独美，自己一个人去学习，觉得学习这种事不好分享。现在不会，我现在有很多问题，会跟同学讨论一下。即便（我可能）觉得她说的观点（和我）不一样，（但我会觉得那）也是一个方法。一个人确实会走得快一点，但是一群人的话，你会走得比较远一点，因为会有不同的概念（被介绍）过来，所以你的世界是很大的。

竞技状态会有高峰和低谷，大学学业也会有进步与追赶。排球带给文同学的影响其实早已超越了"赢"等功利的目的，而是将坚韧的拼搏精神、紧密的团队意识、积极的胜负观念等品格和价值深植于她的心中：

复旦女排 2020 年 10 月代表上海市参加全国大学生运动会排球项目预赛，图片来源：复旦大学 https://mp.weixin.qq.com/s/j1pbv8Hrdz0RFA3Mmq1MSA

　　我以前会（觉得）说一定要拿下，我现在就（觉得）说，（就算）这局输了，咱不是彻底输了，我们后面还有机会，输一输，找找感觉，我们下一局（接着）跟她们去打，就是这种状态。我觉得这种心态上的变化其实也是时间带给我的，这些年（的经历）让我知道，其实输赢这些东西都是身外的，还是那句话：看不到的才是最重要的。我前面可能走得太快了，现在看过来不一定是特别有意义的，不一定对我来说是最有用的。所以我现在明白了，我走那么快没有用，我现在要慢慢想，就一边走一边想，反而可能最后达到的效果更好。我没有忘记我的目标，我永远在朝着这个目标走。

将体育融入生活，这或许也是一条通往快乐的"便捷通道"。在受访学生的讲述中，最让人动容的总是那份对运动的纯粹热情、对生活的向阳之姿。运动是一种兴趣，也是一种享受——享受一群人一起拼搏的氛围。从到复旦报到的第一天晚上，到看得见的未来，关同学都希望在生活中拥有排球，因为那意味着拥有朋友，拥有快乐：

> 未来如果工作了，或者离开学校的话，我觉得（自己）也不会停止打排球这件事情，因为我们有很多已经毕业或者工作的学长、学姐都会经常回到学校来跟我们打球，或者我们在外面租场地去做一些对抗。我想我会一直打下去。排球是我生活的一部分。

在访谈中，我们发现，保持长期的运动习惯，实际上是不少复旦学霸的共性——这与人们对体育成绩好的学生"四肢发达，头脑简单""从小体育课给主课让路"的刻板印象形成反差。

因为热爱，来自社会发展与公共政策学院的李同学每天至少打2小时羽毛球，也经常参加羽毛球协会的活动，这帮助他调节学习和生活：

> 压力特别大的时候，我就会去打羽毛球。当你看到自己一个球打得特别漂亮的时候，就会特别快乐，能及时反馈，当下就会满足。（而且）打完球之后真的特别好睡，它对我的调节作用很大……如果真的很喜欢这个运动的话，（你就）会一

图片来源：复旦羽协 https://mp. weixin. qq. com/s/83_F_wt9HKfEiD1i63kiqA

直不断地练下去，因为总是会有比你更强的人过来（打球）。我们也不是专业地去比赛，（只要）你一直在练习，它会是很快乐的一个体验。

即便课业十分紧张，来自医学院的徐同学也会将游泳作为学习之余的生活"调味剂"。她表示："暑假里，学校游泳馆开放的时候，（我）基本上经常去游泳，每周游两三次。"规律的运动不仅帮助她保持健康，而且让她在完成学业任务时更加专注。关同学也表示：

> 之前，我会在期末花更多的时间投入学习，有试过半个月不去打球。但相比我同期每周都去打几次球的时候，那半个月的精神状态和情绪可能就会低落很多，专注力也会有点下降。运动确实会提升（人）整体的状态，（让人）做什么事都保持在一个比较好的、高效的水平上……（我）平时训练，应该是兴趣导向更多，但如果是科研或者其他压力比较大的时候，可能去运动的目的也就不仅仅是运动，更多的是提高效率。

运动对学业的促进作用，也许并不会及时体现为"因为早晨跑了步，所以我今天专业课考得更好了"，但却会潜移默化地对学生产生影响，让他们更积极、专注地投入学业和生活，这或许就是我们常说的"德智体美劳"中，运动对其他维度的促进作用。正如关同学所说：

　　打排球确实是有一段时间需要耐得住寂寞,去自己做一些基础性的训练。那段时间(的经历)也会影响我,让我更有耐心,更有专注力,去做一些自主学习的活动——从高中到大学,其实是从在监督下学习,到自主学习的一个过程。我其实在大二、大三这两年的绩点是远高于大一的,我觉得排球确实给我带来了非常大的一些改变。

用艺术滋养生活

艺术社团里的成长

许多受访者表示,社团生活是大学生涯中的重要组成部分。"学习固然是学生最重要的任务,但我们也可以在社团活动中重塑自己,找到自身的价值和意义。"来自大数据学院的李同学说:"我们试图在学习和社团中分别扮演不同的角色,并在其中穿梭。"

复旦大学有近百个艺术类社团,囊括表演、书画、音乐、影视等艺术领域,民乐团、管弦乐团、国标舞协会、北方社、麦田剧社、Echo合唱团等就是其中的代表,很多复旦人都对它们耳熟能详。

来自英语语言文学系的柳同学毕业后赴哥伦比亚大学教育学院英语教育专业继续攻读硕士学位,复旦的麦田剧社是其找到自信,并彻底开启大学阶段自我探索的源头:

> 大二上(学期)的时候,我开始参加麦田剧社。那时,我是一个很边缘的人,人际关系让我很痛苦,因为我无法融入这个群体。比如我觉得自己讲话不够好笑,大家对我说的没什么反应。但是,我又觉得他们都很优秀,闪闪发光,有才有颜,而且很

有趣，我很想融入他们，但我在他们中间真的会有一点自卑。

到大二下的时候，我发现，如果我放开一点，大家就可以接纳我，所以我就慢慢"玩进去"了。那个学期，我又开始重拾前一个学期没有做的志愿工作，好像一个学期就报了三份志愿工作。

我和复旦的关系主要还是在成长，只要我心态打开了之后，我就会发现我的生活好像一下子变好了，我一下子就有精力去做这么多事情，但之前我确实那么自闭……在这里，我可以大笑，可以四仰八叉地躺在草地上，大家都不会觉得很奇怪。包容的环境让我慢慢变成了一个真正的自己……

"凡音之起，由人心生也。"怀揣着对唱歌的热爱，本科就读于复旦生命科学学院，后来成为复旦临床医学院卓博计划第四期学员的卢同学在大一时便加入了 Echo 合唱团。他直言，"真正进去的时候就知道自己是最菜的一个"，因此每周出勤三小时，苦练发声。此后，在忙碌的课业之余，他一直享受着练习合唱：

苦就挺爽，因为合唱本身最吸引人的地方就是这个过程，它是有即时反馈的……我自己是很享受这样一个过程和氛围，就是大家互相配合，一起去完成一个很好的音乐作品。

（在合唱中）人声带来的变化性更大，更容易感染你。可能就是因为你的受众是人，所以人对于音乐本身就更加敏感，容易产生共鸣，比其他的乐器演奏更有入侵性。

无心插柳,由于对合唱的热爱,卢同学还实现了课程修读与个人爱好的完美结合——他在第七模块课程修读时选择了《合唱与指挥》,这门课给了他有关指挥的理论和实践启蒙。后来,在合唱团人力不足时,他主动申请做"半个指挥",每周至少花12个小时泡在合唱团里,且乐在其中。回想起修读这门课程的经历,卢同学感叹,这不仅是个机缘巧合,而且"给予我的应用价值是很大的"。

复旦大学"百团大战",来源:复旦大学公众号《百团大战,我参加了!》https://mp.weixin.qq.com/s/unb7MoxsGg5fcnRxu4rEQ

　　经济系学生、HIP-HOP社成员李同学一直在社团和其他同学一起坚持做音乐。2022年,因家庭变故、个人健康以及未来职业发展等因素,李同学感到焦虑和紧张。可他自己也没有想到,某天,他在校园里偶然看到的景象,促使他创作出了在复旦传唱一时的歌谣——《某天这世界上多了几个泡泡》:

来源：复旦大学公众号《百团大战，我参加了！》https://mp. weixin. qq. com/s/ unb7MoxsGg5fcnRxu4rEQ

　　有一天下午，我们看到有同学在光草（即光华楼前面的草坪，编者注）上面吹泡泡，看到那个泡泡，又想到气泡管理。虽然说当时我们是在气泡管理里面，但同学们反而更能够找到那种复旦人的浪漫，无论是在什么情况下都能保持那种乐观的心态。

　　李同学后来直研至复旦管理学院继续攻读金融学硕士，为实现自己的两大人生理想继续前行：

　　从经济上和精神上，我都想成为一个有影响力的、能够为社会创造价值的人。（未来）我可以有自己的企业，我可以创造更多的就业岗位，我写出来的歌能够让别人有共鸣，我觉得这都是创造价值的方式，也能影响和帮助到很多人。

在专业领域之外，用发自内心的热爱，在艺术社团中探寻大学生涯的别样可能，这种追求正是帮助学生到达自己想去的地方，并实现一切可能的"翅膀"。

来源：复旦大学公众号《春日光草，来坐坐吧》https://mp.
weixin.qq.com/s/Ym_aqx5KkLUc0zTcT6yhOw

160

从毕业晚会再出发

旦复旦兮,光阴轮转。毕业意味着什么?这可能是每一位本科生离校前都会问自己的问题。回首四年,如此漫长,如此短暂,青春的印记散落在哪里?面对离别,诸多回忆,诸多感怀,诸多祝愿,百感交集寄于何处?展望未来,或期待,或怅然,或坚定,或踌躇,人生画卷将如何打开?"我"又将如何前行?

在复旦,每一届本科生把属于他们的答案精心编排成一场场毕业晚会。正如许多受访者提到的共同感受——"大家站起来开始唱校歌的时候,我才意识到我要毕业了"(王同学,护理学院)"毕晚结束后,才真正觉得自己毕业了"(陈同学,护理学院)。在复旦,毕业晚会不仅是告别的代名词,也是再出发的号角。

2021年毕业晚会现场,图片来源:团团在复旦 https://mp. weixin. qq. com/s/5ttjirZJIRtXGzBIBfh4mQ

毕业晚会的主题创意可谓是整场晚会的"灵魂"。2021届毕业晚会总导演王同学将个人的成长感悟融入了晚会主题中,以"更高处,晴空万里"的主题得到了毕业生的共鸣。这场晚会把2021届复旦人比喻为在复旦大学这座森林里历练成长的"猎人"——大一初入森林寻宝的好奇、大二面临各种选择时内心的挣扎、大三经过思考后的豁然开朗、大四专注实现理想的孤注一掷都在晚会中表达得淋漓尽致:

> 我们当时的舞台是绿色的,想表达森林和猎人的关系。我们感觉自己是一个个猎人,从新手猎人去慢慢成长为老手——尽管真正走上社会的时候,我们又回到了起点。
>
> 当时,晚会中还有一个比较动容的环节是致谢。大家会说在自己成长过程当中,比如在本科4年、本硕7年,甚至更长的时间里,要去感谢的一些人。我觉得这是让大家有勇气变得更不同的一个基点和理由,因为是这些人在默默地支持你,但凡在当中任何一个环节,有人来规训你说"不,你一定要怎么样",你就没有办法成长为今天的自己了。

担任2023届毕业晚会总导演的陈同学将毕业晚会的主题创意视为毕业生集体头脑风暴的结果——"所有毕业节目的核心导演组聚在一起,思考自己作为毕业生,在大学四年的经历中有怎样的感情线,最终确定大家比较认同的主题。"最终,2023届毕业晚会的主题定为"未来将来",整个晚会的内容由难舍离别、回望过去、展望未来三个部分构成,通过精美的节目为毕业生们徐徐展开。

循律天性,因势利导。在访谈中,很多复旦学子都对王同学说到的最后一点感同身受。而就毕业晚会而言,这种宽松氛围的背后,离不开学校团委将毕业晚会视为"属于毕业生自己的狂欢、属于毕业生的文艺晚会"(团委朱老师)。学校团委会为每年的晚会提供设施设备支持,团委艺术团的学生成员们还会挑起执行一系列具体事务的担子,包括主题内容策划、宣发、演员选拔,以及活动开展等。

围绕每年的主题创意,多才多艺的"复旦 er"们会编排高度原创的晚会节目。这些极为贴近毕业年级学生大学记忆的节目,总是让台下的观众笑中带泪,泪中带笑。其中,不得不提每一场毕业晚会的压轴节目——毕业 MV,及其演员海选活动。

在光华楼前的草坪上,2023 年的海选以音乐节形式持续了整整两天。在这期间,数以百计的毕业生走上舞台,在三分钟时间里以各种形式表达那些或想大声宣告,或只秘而不露的情感——他们有的音准精湛,有的五音不全,有的连和声都事先录好,有的则干脆没有伴奏,还有人只是上台说一段话,讲一个故事……

台下的观众们三五成群,来来往往,共同体会着毕业时节的空气中那股特殊的"味道"。他们有的本就是某个表演者的"亲友团",大部分则只是生活在复旦校园里的师生,但皆为这个当下而默默驻足、细细倾听。

每一场表演结束,人群中总有掌声;每一次讲述结束,也总会引来观众的或振臂高呼,或凝神思索,或潸然泪下……法学院毕业生顾同学是这场海选活动的负责人。以此来结束自己的大学生活,她觉得很圆满,了无遗憾,"这就是属于我们的大学岁月,属于我们的歌曲青春"。

来自历史学系的毕业生包同学怀揣自己的小秘密参加了这场海选,其他同学讲述的故事也让她感动又难忘:

> 因为喜欢的男生来参加(活动),所以我也来唱了一首歌,但没告诉他。虽然最终没有入选,但我并不觉得遗憾,因为收获了关于毕业很美好的记忆。
>
> 记得有个跟女朋友异地恋的男生直播了自己的表演,并站在舞台上对女朋友四年来的支持表达了感谢——虽然他唱得很烂,却很感人。还有一个同学唱了一首《夜空中最亮的星》,送给和(他)一样在主流评价体系中没有那么出色的人,并且感谢自己的勇敢和坚持,走过那些自我怀疑和否定,最终还是找到了想前行的方向,还有一起前行的伙伴。

毕业是对过去的回望,亦是新篇章的启程。站在新的"起跑线"上,如何找到面对未来的勇气? 如何找到自己的人生目标? 上文提到的 HIP–HOP 社成员李同学将自己寻找未来的心路历程写成了歌曲《答案》,并将其作为毕业晚会节目,在激励自我的同时温暖他人,"毕竟每一个人都有自己人生的答案"。

《答案》

2019 新生报到

当我第一次走进三教

阳光在清晨照耀

这里就是复旦吗

还有不少小猫

"欢迎世界各地的同学"

在正门拍照　印象深刻

复旦之光点亮外滩

她问心情如何

我说我梦想成真了

还记得第一次走进校史馆

还记得第一次走进正大

"博学而笃志，切问而近思"

唱响"日月光华同灿烂"

还记得第一次求教务处爸爸

那选课系统也炸了

得过 FCT 和 FET 害怕数分没过就尴尬了

四年后的我会在哪呢

会有心动的 offer 吗　还是在做科研

最好吃的饭堂究竟是哪个

能否找到心爱的他/她陪在我的身边

我听过七十周年十月歌会

相辉堂里最热烈的掌声

我路过还能进出的老校门

那无数个艰难爬起刷锻的早晨

看　有你闪亮的眼睛在看

光草的星星　南操的月亮

新生杯在北馆流过的汗

挥洒青春永远不服输的倔强

多少次三教久留

文图求教　理图守候

也还能够　说走就走

时间却开始偷偷溜走

噩耗突如其来

春天变得遥不可及

没有人能置身事外

冰冷的网线它将我们隔离

Haze in the sky　人们戴上了口罩来躲避

一天天打卡平安复旦期待着返校

一切会过去

终于一卡通的头像出现在刷卡机

熟悉的却有点不熟悉

可能性与不确定笼罩着周围

开始需要面对生活的不如意

一点进步就变得浮躁　思绪混乱

逐渐找不到平衡

没日没夜　情绪堆叠

组织行为学　在组织着年轻人的竞争

焦虑着成绩　焦虑着能力

感到越来越迷茫

似乎永远充满问题

雾里的迷途羔羊游离路上

各种各样路径摆在面前

深造就业考研考公考编

决定再次满怀希望向前进展

再把极限超越再踮起脚尖

某天这世界上却多了几个泡泡

阳光下彩色的泡泡

起风了少年在奔跑

生活节奏被打乱

这一切都化为寡淡

夜里辗转反侧哭着睡着

最后一次好好拥抱你的室友吧

24小时陪在彼此身边

学会忍耐学会坚强相信笑脸终会回到这里

我们还需要等待那蓬勃的春天

你好了你等到了可惜你即将要毕业

花开了游人欢笑着

你在樱花树旁写下致谢

继续追寻真理留下痕迹告别曾经夏日遗憾

带着光合上最后一页

你已经找到答案

　　再看毕业晚会的开场红毯，服务师生和社会的社团代表、为校勇夺荣誉的球队代表、具有高度国家使命感和社会责任感的"毕业生之星"、怀抱理想奔赴基层的热血青年,无一不让人敬佩。他们激励每一位毕业生怀揣着青春热血,满载着复旦荣光,带着母校的期待和祝愿,走向四面八方,并在不久的将来成为复旦百年星辰中一道独特而温暖的光。正如2021年毕业MV《致我们》所唱:

天亮去远方

心中热爱何惧岁月漫长

初生的理想领我去拼搏去闯荡

乘着风偌大世界去丈量

我们曾并肩仰望星光

再去追逐朝阳

少年终要去远方。复旦用四年时间给了毕业生足够的勇气和底气,去面对未知的将来。在"团结　服务　牺牲"的复旦精神感召下,少年们将跟随自己内心,照亮自己与他人。

结语：更自主、更硬核、更平衡的大学生活

　　本章呈现的是所有受访者本科经历中浮现出的最有效的度过本科阶段的经验，我们总结为学生应当追求一种更自主、更硬核、更平衡的大学生活，来为也许越来越不确定的未来世界做准备。

　　首先，大学生当以"自身的长远发展"为目的，不拘泥于一次考试、一个分数、一套标准、一份活计。本科，可能是中国学生进行自我探索、自我挖掘，同时认识世界、认识社会的最佳时机。正如本书第六章将强调的，不为外界的标准或声音所限制，勇敢去探索，成为自己最好的样子，是上大学的"题中之义"。不拘一格的自由探索是受访者普遍认为复旦所长、自己所能的最有意义的事，许多人都以此作为对未来学弟学妹的首要建议。

　　我们已经知道复旦精心为学生搭建了开放包容的多元发展平台，但是初入大学的高中毕业生可能对如何在大学的框架之内实现有益的探索仍感到手足无措。在此，我们希望通过展开受访的学长学姐们对选课和修课这些最基本的学业活动所分享的经验，带后来者体会一些更具体的技巧。

　　学会选课：要"听话"，更要"从心"　　初入大学校园，选课是同学们自主规划学习生活的起点，可谓是第一课堂的"第一堂课"。为自己定制一份"课程表"，意味着同学们在学期初，就要在综合考

量多重因素的基础上，初步拟定学习生活的"纲要"。这往往令尚在"新手村"中的同学们感到无所适从。

当你面对着选课系统上令人眼花缭乱的课程信息无从下手时，培养方案就是最为稳健的选课"金标准"。培养方案是各个专业教学安排的重要依凭，依据其建议来规划自己的选课策略，能够助力我们合理有效地进行课程规划，从而提升学习效果和就读体验。历史学系的张同学对在培养方案在选课上的指引作用给予了很高的评价。

我大学四年是根据我们选课的培养方案，先以培养方案为主，上面的必修课肯定要先选上。这样的话你也不会漏选，比如说到大三了才发现大一大二有专业课没学这样子，会出现这样的情况，还是遵循一个培养方案为主的选课的思路。

听过"培养方案"的话后，下一步就是请教本专业的学长学姐们。预防医学专业的白同学提到自己刚来复旦时，由于不太熟悉选课的规则、门路，也不常和学长学姐交流，选课和修课依然是"懵里懵懂"，一直到大二才开始慢慢适应。事实上，正如白同学在下文中所分享的那样，充分利用学长学姐分享会、交流会的好机会获取宝贵的一手经验，能够事半功倍地提升选课乃至日后课程学习、科研参与等学习生活诸多方面的效率。所以，当同学们陷入选课迷茫时，不妨向最亲近的"过来人"请教一二。

我们自己班里面学院里面会组织特别多的学长学姐交流

会这个系列，其实就是他们会邀请很多学长学姐，然后针对各种不同类型的话题。比如说是转专业，包括选择和学习专业课，怎么去做本科科研，我觉得这些东西对我还是非常有帮助的。

与此同时，面对琳琅满目、众说纷纭的"好课推荐"，不少同学心中或许会产生这样的疑问：到底何谓"好课"？选择课程、修读课程，究竟是为了什么呢？在享受学习过程本身以外，每个同学都要经历一次次的课程考核和评价，被给予某一等级的分数。面对日益白热化的学业竞争，"追求高绩点"成为选课策略的重要导向之一。但是，也有一些同学尝试抛开优秀率的"束缚"，在绩点与兴趣的权衡之间选择追求自己的"兴之所至"，意外地有了"好绩点"以外的学习收获。

后面的话会选一些就自己看起来比较有意思的课，然后或者是问同学听起来比较有意思，然后看看大纲，就是课程大纲中挑喜欢的课去上。大一下的时候比较在意绩点，等到大二的时候就不是很 care，没有考虑到保研这件事情，就没有考虑到这么远。选课还是看它的内容本身。（刘同学，信息科学与工程学院）

我的想法就是，也不需要选什么水课来刷绩点，也没啥意义，我就选我觉得这个最有意思最难的课，就无所谓给分好坏。之后的课我基本上按照这个来选，我大学前两年经历是

我大学生活或大学学业最大的价值吧。（胡同学，物理学院）

诚然，"经营绩点"是绝大多数同学在大学生活中必须面对的重要课题，但是或许在追求高绩点以外，深度体验自己感兴趣的课程，更能够帮助你获得除了知识之外的成长，比如综合素养的提升、品格的修炼、视野的广博与心态的开阔。在选课这堂"课"中，我们在"培养方案"的指引下按图索骥，在"过来人"的帮助下少走弯路，但是不要忘记，最重要的是听从自己兴趣与志向的指引，去在课堂中收获属于大学独一无二的心灵成长。

高效修课：充分利用 Office Hour 与助教制度　从高中到大学，课程设置和教学方式的调整使得同学们面临着由"被动"向"主动"的学习模式转变。当每周与老师的课堂交流时间大幅缩短，同学们在课后自主学习中产生的问题又该如何解决呢？此时，学会利用 Office Hour 和助教制度"有效求助"就显得格外重要。

在大学中，许多老师每周都会设置与学生进行一对一交流的"Office Hour"，如果在课后遇到疑难问题，不妨像政治学系的曾同学一样，礼貌地发出一封预约邮件，然后带上准备好的问题去和老师聊聊吧！

一般来说，比如说我跟老师约 office hour，就是我一般还是会给他提前发个邮件，我跟他讲，比如说我在邮件里告诉他，我要讨论什么问题。然后比如说我有可能有个 draft 或者有个 proposal，我可以把这个东西先发给他看一下。然后那一天我可能会带个本子和 proposal 过去。基本上我敲门他开门，然后我坐下来。基本上就可以就直接就进入主题了，也就不太会有太多额外的话题。

此外，对于规模较大的课程来说，课程助教也是大家求助的好选择。作为该专业的研究生，课程助教能够以切身的学习经验为同学们提供接地气的"传帮带"，外文学院的孙同学就曾在助教的帮助下有效提升了通识论文的写作能力。

　　另外一门课是历史学系欧阳老师的"古代近东的英雄与神祇"，那门课它是讲古老的神话故事，然后同时它是把通识论文写作的技巧融入了课程设置中，它的讨论课是让助教看你的比如说期末论文的选题，然后教你怎么样去把它写好，或者说给你指出问题，他也会发通识论文写作指南给你，所以说各方面素质提升比较大，知道了该怎么写论文，这（写作）就是个很严肃的问题，很多新生是不知道怎么写论文的。

其次，正如本章开篇所提出的疑问，在新的时代背景下，未来充满了精彩而棘手的不确定性。今天的大学生必须回应由此带来的挑战，使自己的本科教育尽可能地适应，甚至能够超越未知的挑战。通过受访者们对小班研讨课、学术写作训练，特别是对本科生科研经历、对荣誉项目的津津乐道，我们能够捕获一些未来世界所需"硬核"素养和技能的把握。或许，受访者们的认知并不完整，或许，他们以为的核心技能也会被新的科技取代，然而终将使后来者无限受益的正是复旦学子们对卓越水准的追求，对核心素质的思索,对磨炼自我的决心,对高难挑战的无惧。这样的他们将成为真正的"终身学习者"和"全面发展的人",屹立在所有未知的潮头。

最后,生活是全面综合的"课题"。长远的事业发展,恒久的价值追求,幸福的烟火日子,都不应被简单的"成功"二字套牢,更不是搞好学习,练好技能就能收获。正如本章最后的那些事例所呈现的,在复旦,当近距离观察那些最被定义为"优秀"的学生,我们往往也同时看到一位持之以恒,乐在其中的运动员,一位四仰八叉,开怀大笑的戏剧爱好者,一位曲抒胸臆,歌唱时代的创作人等等。

直至今日,许许多多人都还误以为教育等同于学业,而课外活动充其量只是"学习为本"的校园生活的某种调剂,是对优秀成绩的锦上添花。其中也包括我们访谈的不少学生,他们因为这样那样的原因自我设限,错失了复旦第二课堂提供的众多机会,实际上回忆起来也透着失落。如何平衡第一和第二课堂,是每位大学生都面对的挑战,并没有统一的标准答案。

比如,第一章中从中文系转到 AI 方向的徐同学曾坦言,因为学业和科研的节奏很紧凑,她确实没有太多时间投入课外活动,从来没有在院系、社团或任何组织担任过什么职位,却也不为自己充实的四年感到任何遗憾。比如,我们曾访谈的另一位女排同学,一直选择把自己更多的精力和时间花在这项运动上,对专业学习表示希望自己过得去就好,未来也并不打算在专业领域发展,更想做一名排球教练。比如,我们第二章中曾提到的王同学,则是第一和第二课堂提供的各种不同机遇共同一步一步促成了她跨化学和文博的交叉式发展。再比如,我们这一章提到的许多同学,在第一课堂和第二课堂都有各自不错的发展,他们的学业和课外经历看似分野,但实际上融汇成了他们每一个人独特的自我,独特的生活。生活的样式原本就是丰富多彩的,每一位学生都可以调出自己的"百分比",以自己喜欢的、认可的方式贯通第一和第二课堂的成长。

然而,从复旦学生多姿多彩的经历中,我们仍然概括出了几条"公认"的第二课堂"必打卡事项",希望后来人作为参考:

1. "身体是革命的本钱"。不管是为了学业还是事业,年轻人都有必要养成适合自己的运动规律。喜欢聚在一起踢球或喜欢一个人跑步都可以,只要能让身体和免疫力随时保持状态。而且,和许多其他事情不一样,运动确实是付出一分就能获得一分的多巴胺。

2. 至少看一部大师剧,至少去一次校史馆、博物馆,至少蹭着这个那个活动走遍四大校区的春夏秋冬吧,不然毕业之后怎么好意思说自己是复旦人呢?

3. 至少做一次志愿服务,至少投奔一次社会实践,至少参加一次短期支教。那些学长学姐普遍觉得受益匪浅的经历,总是值得好好体验一把。

4. 趁着还是学生,借助复旦广阔的平台,去世界上远一点,更远一点的地方看看。这个世界的丰富和人类的多样或许都远超你的想象。

第四章　遇见大先生

在空间上相对集中的中国大学里,校园为一个庞大而多元的社群提供了学习、工作、生活的场所。在学生的大学生活中,很重要的一个部分就是他们与校园社群的互动。学生的进步、成长、快乐往往得益于与他人的交往。接下去的两章将分别讲述那些发生在师生之间、生生之间的故事。

"师者,传道受业解惑也。""一日为师,终身为父。"中国人对老师有着极高、极深切的崇敬感,但这也在某种程度上造成师生间天然的距离感。我们在访谈中发现,复旦聚集着顶尖的学者和一流的老师,学生受到的影响不限于学业,而是深入日常生活和生涯选择;但同时,学生自述中也不乏困于师生间的角色距离,与老师互动寥寥的例子。那么,大学里良好的师生互动可以是什么样子的?在那些学生最为铭感的好老师身上存在什么特质?为什么有些学生似乎比其他同龄人更能"遇到"好老师呢?

本章将要分享的故事来自访谈中的以下问题:"复旦的老师们给你留下了什么印象?你心目中的好老师是谁,他/她(们)是怎样的?对你产生了什么样的影响?"大部分受访学生很快就能确认"好老师"的归属,并描述这些老师为什么好,是如何影响了他们。从这些回答中,我们看到学生心目中的好老师的几种特质、他们影响本科生的几种形式,以及他们为学生计深远而付出的诸多努力。通过梳理学生们的共同看法,本章希望为每一位想要积极影响学生的大学老师、每一位想要从老师身上学到最多的本科生提供一些启发。

踏实和风骨

受访学生普遍对复旦教师的学术素养、专业能力有很高的评价。同时，老师们日常表现出的踏踏实实的作风、执着追求的学者风骨，如同海上的灯塔，为学生们点亮了向往的方向。通过老师们的日复一日的言传身教和潜移默化，学生们不仅获得知识和专业上的发展，更普遍从心底产生了一种崇敬感，获得了一种做人、做事的态度上的熏陶，以致对个人志趣的影响。

航空航天系理论与应用力学专业的宋同学通过在课堂上对两代教师的观察，心生对其教书治学态度的感佩，从而向往做一个科研工作者：

> 我们系大致有两代教师：老教授，还有年轻一代的教师。他们对我的影响是多方面的：学术上和对我的人生观、价值观的影响上，甚至可能包括对我未来规划的影响上。
>
> 在学术上，他们肯定是给我们设立了一个很高的标准，然后也给我们做了一定的榜样，（让我们觉得）比如说我以后要成为他（们）这样的人，要成为学术大佬那种感觉。然后人生观、价值观（上），他们给我们展示了一流大学的教授们是

什么样的风骨——踏实做事、不八面玲珑、（不）人情世故，每个人都有每个人特点，不是那种千篇一律的人……比如说我们都共同比较佩服的几位老教师，我们就体会到要踏实做事儿，就是你要踏踏实实的，公式你要一步一步推，做题要认真地做，平时干什么你都一步一步慢条斯理、井井有条地来干，这个可能是搞基础研究、搞理论研究的工作者共同的风骨……

　　但我个人想搞科研的话，我就受到我们系的一个老师的影响最大。他就是青年才俊，可能30多（岁），（是）正教授，32岁。他是法国回来的，特别强，就在读博、读博后的时候就已经发出很多那种厉害的论文，回来之后带的学生也都特别特别厉害。（我）就是受他的影响，跟他一起做毕设，（他）做事特别认真，特别拼，很朴实……我就感觉科研这条路是很光辉的、很荣耀的。

受这种可贵的踏实和风骨所指引，宋同学也走上了科研道路，选择在本系航空宇航科学与技术专业继续读研深造。

复旦大学赵东元院士为本科生讲授《普通化学》课程

来源：上观新闻公众号《这位复旦教授又火了！再获大奖，他却一路小跑提前离开……原因和两年前一样》https://mp.weixin.qq.com/s/RsFp5ithA06sd1WE-HRbkA

教学联结生活，和我成为"战友"

在教学中做一名优秀的指引者，带领背景、兴趣、能力、方法等都相当多元的大学生们实现高效的学习，这实际上对老师们提出了极高的要求。在学生心目中，许多好老师的教学过程都未曾脱离生活，他们总是细致地准备教学内容，尽量丰富课程学习体验，并通过作业反馈等形式一步一步陪伴学生学习的全过程，甚至成为和学生并肩作战的"战友"。

复旦学生常用"人文关怀"来概括从老师的教学过程中感受到的高于教学本身的关心，以及所学内容与自身生命历程、日常生活的关联。好老师们在让知识"活"起来的同时，更激发学生的内生学习兴趣。

历史学系的曹同学在大一的一门通识模块课上第一次感受到了这种关怀和激励：

印象特别深刻的就是我在大一上（学期）的时候，当时是家庭里面出了一些矛盾，我就在思考一些问题。后来我就思考得越来越远，就联系到了在学的先秦哲学课上的一些问题。因为当时我加（了教这门课的老师）的微信嘛，所以我就去问他。他当时就说："啊，这个问题比较复杂，要不要我们一边散步一边说呢?"当时是傍晚,刚刚晚饭之后,然后我就从宿舍里面出去。他给我买了一瓶饮料,然后我们就在(复旦)本部里面走着走着,讲了很久,(我)印象特别深刻。

"让知识活起来""让我(们)感受到专业的真正价值""让我(们)明白为什么要学"等等,这些是复旦本科生回忆起好老师时经常出现的描述。好老师不仅传授知识,更让他们感受到课程、学科、专业之于生活或社会的意义。明白所学的"无用之用",是许多复旦学生产生学习内驱力的重要原因。

对于大学最初的"顿悟",计算机工程与技术专业的谷同学这样回忆:"(就是)很普通的讲 Java 语言的一个课,属于专业必备技能培训,但是(老师)讲得非常非常好,会在讲述的过程中带给我们对计算机行业的一些比较宏观的见解,不是单纯的照本宣科,能够引导我们去思考,培养我们的批判性思维能力。"这门课让谷同学体会到专业的精彩,从此在学习心态上从"我需要学一些技术"逐渐变成"我想要去掌握关于计算机的全部",这种转变一直影响了他后来的学习与选择。

本科国际政治专业,研究生跨保至复旦法学专业的虞同学提到一位不仅有趣有爱,而且在教学上"步步为营"的阿拉伯语课老师。这位老师为了让学生尽可能贴近阿拉伯的语言环境,会带他们一起去吃阿拉伯菜,分享自己在埃及留学和在中东地区旅行的经历,请自己的叙利亚朋友来做飞行嘉宾等等。让虞同学尤为感叹的是这位老师对教学的细致:

他会非常认真地挑选教材,教材都不用我们自己买,他会自己给我们教材,会在课间帮我们打印好一些讲义之类的,都非常认真。然后,我们有问题也可以随时问他,朋友圈里面都有过交流,课前的话(他会)提前跟我们说,下节课要干什么,然后给我们提供一些学习资料,同时他也会考虑到这些学习资料可能会加重我们的负担,所以也是少而精。然后他也会提供一些学习资源,就会在超星学习通上面上传一些比较有趣的小视频之类。然后他(课程要求)的 pre 时间都很短,最多5 分钟,而且都会事先给你指导。他在提出一个课程设想的时候都会征求我们的意见,然后他课后会有一些作业,但也不会强制我们做,主要是(让我们)自己巩固……期末的时候他也会辅导我们,比如说他可能要写一个阿拉伯语的作文的话,(会)先让我们提前写好给他修改,然后我们再根据(他改的版本)再写一遍。这样的话能学到比较多。

2022 年,上海疫情牵动着所有老师和学生,也极大地影响了他们的生活。在共同的挑战面前,复旦的老师们依旧将自己的工作与学生的真实生活联系起来,指引着他们,更陪伴着他们。

本科就读于英文系,后就读于哥伦比亚大学教育学院英语教育专业的柳同学对封控期间本专业老师的关心和陪伴记忆犹新:

在疫情期间,老师们会给我们转发一些文章,标题是《自由的意志才会让人真正的自由》,还会转发一些运动视频、健身视频,我就感觉看到了他们(和上课时)完全不一样的状态。

生活当中,他们其实也是平常的人,他们知道我们现在可能被困在这里有点烦,还会来安慰我们。总的来说,他们就是一群比较积极,然后很可爱的人。

"一切为了学生能学好"是复旦好老师们在教学上的共识,一位学生甚至形容老师为治学路上的"战友"。

电子科学信息与技术专业下的智能科学与技术是新近开设的跨学科培养方向,刘同学回忆,在相关课堂上,老师与学生是一种共同改善教学效果的"战友"关系:"我们会问老师很多问题,会去跟老师聊这个课怎么上比较好,比较适合我们的知识、认知水平,(比如)这个PPT应该再放点什么(内容),甚至上课应该多布置点论文给(我们)读,或者多安排个期中考试什么的,好反馈学习成果。"如此,老师与学生相得益彰,彼此合作,以追求教学效果的最优化,组成真正的"教学共同体"。

同样地,在本科新闻学专业、后保研至本院新闻传播学方向的马同学心目中,翁老师是一位与学生共同努力的"战友":

> 他超级认真!比如像《新闻评论》(课)布置的作业是每个人一个学期写6篇,不固定提交时间。然后老师会每一篇给学生用Word批注和修订,修订特别认真,满篇都是批红。接着,你可以再改这个,改完二稿再给老师,他再给你批。你就改几稿,他按最后一稿给你算成绩。相当于就算每个人只写一稿的话,30个人,一个学期是180篇,然后其中可能会有一半的人再去修改,可能他一个学期要批好几百篇的作业。而

且翁老师会——因为文科专业有一个大家很诟病的地方,就是老师给分非常主观,可能不说为什么,学生也不知道 A 的标准是什么——把每一次作业的小分都算出来,把期末的分给算出来,给你加出来,该是 A 的人就是 A,该是 B＋就是 B＋,大家有一个清晰的评价标准。但这样的清晰的标准背后必定是老师要付出更多的辛苦。而且因为他本身是青年教师,所以他要承担学院的一些工作,其实非常忙。比如,像我们学院之前拍的献给建党百年的那个视频,叫《惊蛰》,老师就去客串了。我记得当时我们辅导员在工作组就说翁老师其实就是一个镜头而已,但是他提前很久,跑很远的地方过去拍,与此同时他对教学都始终没有放松。

社会发展与公共政策学院的吴菲老师在学院茶话会中与同学们惬意交流

来源:复旦卿云歌公众号《吴菲:以爱为光,点亮学生心路 | 社会发展与公共政策学院"我心目中的好老师"候选人育人事迹》https://mp.weixin.qq.com/s/5Hoja4v9aj42K6wsxdWwEA

尊重我、"看见"我

复旦学生口中的好老师固然有着渊博的学问,但更让学生受益的是老师平等地对待学生、尊重学生,激发出学生的好奇心、反思能力,以及继续自主探索的动力。

不同于一般教学中老师主动、学生被动的关系,众多复旦老师在授课中常会积极营造互动的氛围。学生们感受到教学中的师生关系趋向平等,这在无形中为他们发挥学习主动性提供了机会,也提出了要求。在这一过程中,学生通过深度参与教学过程获得了更好的学习效果。直研本校本专业的历史学系学生曹同学对老师鼓励学生讨论记忆深刻:

> 我对第一学期的一门哲学课印象非常深,所以我后来就一直对(哲学专业)这种培养方式比较感兴趣,因为(我)当时第一次感觉到大学原来可以这么上课!那位老师比较开放,比较喜欢让学生在课堂上讨论,也不会太对学生的观点进行批评。鼓励一个讨论的环境,我感觉这是蛮重要的。同学间那种讨论的激烈程度(让我印象深刻),大家思维敏锐性特别强……我感觉其实复旦老师还是蛮有自己的风格——他比较鼓励学生去多讨论,自己的思想也比较开明、开放一些,不是

很拘泥于某一个立场、某一个学术派系……参与讨论是我课堂上最有成就感的（事）。在公共空间表达出自己的看法，是我认为最有价值的事情，也就是说我们能在讨论中更逼近真理，我觉得（这）对于我来讲蛮重要。大家的互动也不是口诛笔伐那种性质，其实大家都是在对方（给出）的前提下更进一步，我就（会因此）觉得这种讨论是良性的，是好的。不是说自己的看法能够得到多少的认同，而是最终大家的看法能够达成比较好的一种对话形式，我觉得对于我来讲（这）就是挺好的学习方式。

自中学以来，许多学生习惯于依赖频繁的考试得到分数反馈，但复旦的好老师采用的却是讲方法、讲能力、讲素养的评价取向，这对刚入大学的新生来说是一项适应性的挑战，同时也给了学生主动学习的自由空间。本硕均就读于理论与应用力学专业的宋同学在"计算力学"课程中对此有很深的体会：

（老师）给我们布置的作业就是给一些参考的题，你想做的话你可以去做，但他上课从来不会提任何关于考试的东西，他就是在给你讲方法、讲能力，从来不会掺杂任何和考试有关东西，除了考前最后一节课，他会告诉我们考哪些知识点——他其实也不是在告诉我们考什么知识点，他就是帮我们梳理一下这个学期学了哪些东西，然后考查就在这个范围里面，就特别"自由而无用"……我举这个老师的例子，不是说他很宽松，他对我们要求特别特别高。但"自由"就是说他不会细化我们的任务,他给我们空间让(我们)去学习。然后我说的"无用"指的是他不功利,他不会唯分数论,他不在乎你考试最后考了多少,他在乎的是在这个过程中你提升(了)自己什么能力,你获取了什么知识……他不是把人当做工具,量化成各种指标,而是说不追求世俗的东西,然后能让你在能力上有所提升……在他的课堂上,从我自身来说的话,我就不会像在其他,比如说模块课(上),那么去努力表现自己。比如说(在模块课)我就必须要举手发言,我必须要抢着去做 pre。这种为了获取分数而获取分数的行为我就不会有,我只是每天默默地听课,然后遇到不懂的下课会去问老师,反而收获更大。

复旦的好老师们呈现出这样一种共识,即学生应当是其自身学习与生活的主人,大学应是他们自由探索高深学问、激发内在兴趣、锻炼智识能力的地方。因此,最有效的学习必须源自学生真正的好奇心和内驱力,而老师至多只能扮演他们学业路上的指引者,在各自深耕的领域与学生们一起探索,一同享受知识的乐趣。平等地对待学生是对学生真正的尊重和负责。

本科阶段对于年轻人而言是非常关键的时期。"生涯规划"和"职业选择"是许多学生脑海中挥之不去的压力之源。面对人生的重大决策,他们渴望老师的指引。毫不意外地,当许多受访学生想到"好老师"时,总会提起那些影响了他们生涯选择的老师。除却被平等地看待、被尊重、被激发之外,这些学生更感恩老师在人生的关键时刻"看到了"他们。

复旦的好老师们总是发自内心地欣赏学生展现出的才能,甚至在学生自己还未意识到的时候，就鼓励他们再进一步，提升自己。应用数学专业的张同学选择推免至清华大学数学科学系攻读博士学位，立志于成为一名科研工作者。而这一切都开始于一次平常的小组汇报：

（我们）专业的一位老师非常愿意帮助学生，定期组织讨论班，培养本专业学生的学术与汇报能力，也通过讨论指导学生对感兴趣的问题有更好的把握，有点类似于研究生的组会。自己找找东西，自己去学一些东西，老师会提供一些书给你看，然后你来报告一下——这是数学系非常经典的项目，国内外大家都会提到讨论，就是说这是让学生快速了解一个数学的方向的最好的途径……然后大二的时候，因为我在讨论班也有报告过一些东西，然后老师觉得还挺好的，大二上学期他（就）邀请我，他说我在跟另外一个老师做一个项目，你要不要来参加一下？我当时参加了，那是我第一次科研经历，而且还是跟访问学者，是日本来复旦的一个教授，所以还是英文交流，然后就一块去上海数学中心，在江湾校区那边，大概每周去两次，去交流一些东西，然后有一个课题，最后是写成了论文。我主要就是根据我们讨论的过程订正初稿，负责论文中图的制作，然后也做了一些计算，是作为第三作者。这是我第一次科研经历，对我影响还是蛮大的，因为我之后的（科研）方向就是这个课题的方向。

张同学就这样"意外地"获得了深入参与科研全过程的体验，

逐渐找到了自己感兴趣的方向，也树立起了做研究的信心。这样的相遇仿佛良驹遇见伯乐，而知己之所能日行千里。老师提供的机会经学生牢牢把握，从而跑出一片天地。

在复旦，更多的学生受益于老师们的成人之美，经由老师获得锻炼和提升的机会，从而在自己向往的道路上走出最初的一段。老师们甚至就像霍格沃茨的"有求必应屋"，总是接纳学生们想要探索、进取的心愿。有一位本科阶段就被接纳进入院士实验室的学生甚至在访谈中感叹："（我）真的觉得很神奇，（自己去实验室）当工具人都嫌菜，但真的就是（得到了）特别的照顾。"（尹同学，化学系）

常常，为了不断确认自己最终的发展方向，学生一路上会得到几位老师共同的支持。临床医学专业的付同学刚入大学就对科研抱有兴趣，于是在大一便询问一位授课老师是否可以担任研究助理，被欣然应允。进入实验室后，付同学主动摸索各项相关工作，也表达自己对研究的看法。那位老师给予她很高的评价，甚至称她为"born scientist（天生的科学家）"，并根据其展现出的兴趣方向推荐她进入静安区中心医院某科室实习。在医院导师们的支持下，她学习到很多并找到了自己的研究选题。但第一次申请课题的落选，让她遭到了沉重的打击，甚至一度动摇了她做科研的兴趣，幸亏有实验室小导师的宽慰，她才重拾了信心。在听取了本院、实验室和医院的众多专家的意见后，她第二次提交课题申请书，并成功获批。最终，她凭着自己设计的研究方案完成了毕业论文，并投出了自己的第一篇 SCI 论文。在导师的支持和悉心指导下，付同学找到了自己感兴趣的研究方向，成功推免至上海交通大学医学院附属第九人民医院整复外科方向进行硕博连读。

如此曲折的故事在复旦本科生群体中其实很常见。正如本书第六章将会揭示的，找到自我发展道路的过程对这些年轻人而言大多不是一帆风顺的，总会遇见这样或那样的阻碍和质疑、纠结与彷徨。在这条艰难但关键的路上，有许多和付同学一样幸运的学生，遇到了且肯"为之计深远"的好老师们。

比如，为了让临床药学专业的唐同学完成她感兴趣的毕业论文选题，导师二话不说联系曾挂职的红房子医院（复旦大学附属妇产科医院），并给这位学生内推了合适的实习岗位。相似地，为了使文物与博物馆学系对学术研究萌生了兴趣的袁同学深入田野获得一手材料，她的"曦源项目"导师联系了"记不清多少"相关机构，反复跟她探讨和确认研究设计，最终为她找到了"最合适"的实习和研究合作单位。

再比如，杨同学曾想转到数学系，他回忆，《高等代数》课的老师对每一位想转系的学生都特别照顾："老师专门指导我们，会加我们微信，总是单独给我们每个人讲题，讲期中的卷子。他会单独给你说，你这里面错了哪些题，然后单独给你讲（解）……我们那个时候，习题课是在晚上，就经常会上到很晚很晚，因为他上完课已经九点多了，你再问问题，那就是十点多。"

经过一年的探索，杨同学最终决定留在生物技术专业。他在大二下进入纯理论实验室，大三辗转到不孕不育方向的实验室，最终因为自己的兴趣转向选择了肿瘤医学方向的卓博计划项目。这几次实验室间的流转，都得到了不同老师同样无私的支持，让他得以不断在自由的探索中慢慢确定自己的路途。

　　正是这些在许多学生看来"本不需要（老师）做的事"或"对（老师）没有好处的事"，为一个个年轻人对未来的向往和想象打开了经验的大门，让他们得以去摸爬滚打，经历成功或失败，从而做出最适合自己的选择。老师们的帮助和指导总是出于学生的需求，正如袁同学所言："（导师）对我这些实习项目的安排，绝对不是因为他和某些机构或者是某些单位有合作才要求我去做，而是因为他认为我的论文需要这批材料，他才会给我安排。"

挑战我、真实面对我、成就我

在许多学生的描述里,复旦的老师们在课堂上是"带着微笑的""给人轻松的感觉""很享受教学的样子",但同时,他们也是极为严肃的。在很多本科生的回忆里,复旦的老师对学生抱有极高的期待,而这种期待激励着他们不断求索,孜孜不倦。"严师出高徒"的老话在这里总有生动的印证。

对修习俄语但并不怎么喜欢这个专业的张同学(后通过复旦大学人才工程计划保研至本校法学院读研)来说,"人权与法"课程对大二的他来说是一场试炼,也是一次升华:

这个课每两周都要求你写一篇论文,论文大概要5 000字,然后每两周还有一次线下讨论,(期末)最后还有一篇读书笔记,也要一万字,反正课程内容很多。(老师一直在重复说)一定要多看、多读、多写,就你一定要有足够的阅读(才可以学好)。他甚至说"我这门课的作业真的很多,如果大家没有时间的话,还是请大家不要选了"。他是一个年纪比较大的老师,可能有50多岁了,就是已经有白发了,具有令人尊敬的一种气场……他基本上在课前会把ppt给你,让你自己先预习一下,课前也给你大量的文献需要你去读,可能就是四五篇的量,不读(就会)很难把讲课的内容听下来,就很硬核。他是不建议你把他讲的所有的话给记下来的,他会说你们最重要的是需要理解。所以我上课的时候,动笔记的时候很少,大部分时间都是在听他讲,确保自己能够理解。然后他讲课有自己的风格,就比如说他讲人权,他会先引入人权的概念,然后再讲人权的历史,最后他会再结合一个案例,以案例作为切入点,开始让大家一起思考,抽人回答。但是在讨论课上就不一样了,我们会分组,然后大家需要针对你写的这个论文主题(做一个讨论)。(这在)每一组都会引起热烈的讨论,我觉得就是通过一次次这样的讨论,能够让我们加深对这个问题的认识,同时也能够让我了解到自己到底是怎么去想这个问题的,所以我觉得很有意义……也正是因为他讲的人权,让我对法学产生了很大的兴趣……公权力、私权力、正义等问题引发我的深思。在选完这门课之后,我自己去看了很多法学类的相关(的)书……这其实也是后来引领我选择法学研究一个很重要的基础吧!

大一刚入学,对新闻感兴趣的曹同学也面临"新闻学概论"课的挑战:

周老师本人做学问比较严谨,然后上课讲的东西特别晦涩难懂。我记得当时上那个课的感觉是:"我的天呐!根本看不懂!"然后,(我们)每周还要回答她的一些很难的问题,属于咬紧牙关支撑下来的。但是我到现在用的很多东西都是从那学来，她教给我们的东西包括读书的方法，一（整）个新闻学的体系都是从那儿学来的。

同样是大一，来自高分子材料与工程专业的陆同学也在快节奏的课程上训练了思维：

> 当时（选）高数课，许多人都说平行班的其中一位老师口音重、讲得快、讲得难，最好不要选。但我因为时间安排的关系，只能选了这位老师的课。口音是真的重，讲得是真的快！没办法，（我）就只能每次都自己提前预习。一年下来我觉得老师讲得很好，（我）能跟上老师的节奏。老师讲课节奏快也训练了我的思维速度。而且他还很善于补充讲一些课本之外的东西，讲的解题方法也非常简单、快速、清晰。

值得一提的是，很多时候，复旦老师们对学生的期待并不止于学业上的提高，更有品德上的坚守。李同学通过体育专项计划进入复旦文物与博物馆学专业，目前已经通过参军获得推免研究生资格。但从大一上课开始，他感受到了自己与同学之间的差距，感到特别迷茫，自认是一个差生。大四，绩点排名全系倒数的他抱着"水过去"的心态对待毕业论文，认为它"不能带给自己荣誉感，也不能证明自己"。导师周老师却没有因而降低对他的期待，她"像妈妈一样包容"，耐心地引导他，逐渐让他端正了做论文的态度，在提交论文前的最后一个月重整旗鼓：

我开始重新思考毕业论文，按照导师的步骤一步一步走，（我）变得善于发现问题，探究问题的成因，并给出解决问题的方法，同时也在不断地思考和积累，最终从结构到内容几乎全部推倒重写。答辩期间我在介绍的时候心里一直在想，自己肯定比其他学生差很多，我就只是希望老师别批评我，能让我顺利通过就行。但是答辩结束之后，有四五位老师表扬了我。（这是我）做梦都梦不到的一种态度，当时我就愣了，有点热泪盈眶的感觉……

导师对待学术和生活的态度也深深地影响了我，临近毕业（吋）导师说，做什么事情（都）是要踏踏实实一步一步付出的，虽然（我）在进步，但是还有很多坏毛病需要改掉，希望我成为一名真正优秀的、坦荡的男子汉。导师说："人生的选择是自由的，但是品德和态度却是终身相伴的。"我把这句（话）当成了微信个性签名。

作为学生生涯道路上的伯乐和领路人，复旦老师们除了成全学生的追求，更可贵的品质是实事求是，能够真正从学生的角度出发，为其计深远。对于学生而言，教师的经验和能为其提供的探索机会是格外珍贵的。他们往往也得益于老师们的建议或指导，而最终作出最适合自己的选择。

前文提到过的谷同学受到 Java 语言课程授课教师的启发，大三便希望跟着这位老师读研。面对他的一腔热血和并未经过深思熟虑的决定，老师却给他泼了一盆冷水。对此，谷同学回忆道：

我觉得他是很有学术热情,很有激情,你能明显感受到他来上这门课一定是他实实在在地把这门课吃透了,而且(他)讲的都是他自己觉得很好的东西。他愿意分享给我们(的)这样一种态度,(让)我也会被这种热情所感染。我就很想说,那我能不能做他的研究生,跟着他读研。然后我就发邮件问他,希望找他聊一聊。

他回复说他记得我,让我直接到他办公室去找他。我和他聊了可能一两个小时,他非常坦诚,他告诉我说"(如果)在我这读研,你能够得到什么、可能失去什么;什么样的人适合在我这里读研;我是一个什么样的老师"。他都讲得非常非常明白,很直接,引发了我很多思考,对我在专业选择帮助特别大。

后来(我)没有去他那读研,一方面是因为考虑过后还是觉得,他的方向现在不是特别火,而且研究难度蛮高的,我自己其实也不是特别的感兴趣。另一方面就是他也告诉我,他的方向招生难度很大,学院给他的名额可能就只有一个,最多两个。他很明确(地)跟我说,如果你真的要填的话,就有可能"失学"嘛,就是可能招不进去,你就得调剂。然后他还直接把他知道的要选他的几个校内的学生拉了个群,告诉我们这个选择可能给自己带来的风险。他建议我们还是有书读最重要,希望我们能够梳理清楚。

这位老师的忠言引导谷同学严肃、全面地思考自己未来的研究方向,并提点他考虑一些原本没有想到的因素,使他没有仅凭一时冲动作出人生的重大决策。最终,谷同学选择保研至本校本专业,在自己热爱的计算机科学与技术方向继续探索、深造。有时候,老师说的一些"实在话"会给学生一定的受挫感,但沉静下来之后,他们又很庆幸自己提早了解到了真实的情况。大气科学专业的陈同学也对自己的一次"幻灭"体验印象深刻:

> (是)我最开始找他的,第一次见面我就带了一个很简单的简历,去找他聊未来的方向。当时他跟我说:"啊,你选这个方向要有心理准备,未来可能就业后不太赚钱,气象研究所这种地方都是'一个萝卜一个坑',有可能要人家走了,你才能有一个职位。"而且,那个时候我还说我对出海挺期待的,就是去海上做观测,可能是我比较向往的。但他就说"等你出了你就不想去了"。老师觉得船上的环境其实有点艰苦,有些人还晕船,对女生来说就更不容易了。不像那种游轮,科研的船都一般来说比较简陋。他就说"你一定要试一试才做决定,不要想当然"。

最终陈同学还是选择了直博至本校,坚持在喜欢的大气物理方向继续深造,但她依然感激老师曾这么真诚地"劝退"过她。

还有些时候,泼冷水的可能是学生,而老师仍然是实事求是地为学生考虑。物理学的严同学就遇到过一件有些难以启齿的事:他原本与导师约定好打算在本专业深造,做科研,但经过一番思量,他觉得转向金融方向也是个不错的选择,想要去尝试。说起当时的情况,严同学表示:

> 所以我就问老师我能不能去实习,和朋友一起参加一些

(金融行业)的事情。慢慢地,我才了解我可能真的不适合物理科研道路。然后,我跟导师有过一次充分的沟通,他也表示支持。我其中一个选择就是跨到金融数学方面,他也支持我的选择了,所以我开始接触物理科研上的东西就越来越少了,投入的时间也越来越少了。但他还是对我比较好,组里有春游这样的活动也叫我去。而且导师还给我写了一封非常好的推荐信,我当时给了他一个 300 字的初稿作参考,两天之后老师就返给我一个 600 多字的,内容非常的充实,非常的诚恳——他说这个同学跟他接触得非常多;他既是我的"热学"课老师,也是寝室导师,也是课题组导师。然后他写我在上课的时候有什么样的表现,在学习、生活上有什么样的表现,然后我在课题组有什么样的表现。我就觉得这些细节写得非常好,对我帮助真的很大。他还写自己在 2005 年开始就在复旦大学当博导,说培养出来的学生有去了哈佛的,有去了 MIT的,然后说即使和那些优秀同学相比,我也是有非常好的素养,跟他们不相上下。我觉得(这)当然有过分夸奖我。他还写,我是第一个不走物理科研道路的,但是(他)非常看好我,(相信我)在金融行业能够做出非常好的成就,说我和他认识的另一个去哈佛读博士,然后去高盛工作的学生品质非常相似。(总之)真的写得非常好,我觉得老师对我非常好!

从受访学生的叙事中,我们常能感受到复旦教师关怀学生发展的师者仁心。有时候,老师们甚至会将为学生解惑或铺路进行制度化,使其成为日常工作的一部分。新闻系的马同学就提到,洪老师会用金山文档建立导师午餐的预约表格,每周请同学们吃饭,同学们如果对期末作业、专业学习抑或是工作有什么想法,都可以和他聊。不仅如此,他还会推荐一些优秀作品去澎湃新闻发表,让学生感受到自己的努力是能被尊重的。相似地,胡同学回忆说,物理系的老师们会为有意向转到物理专业的学生建立小群,组织学生每周进行交流讨论,了解他们的学业情况,并给予建议,也会积极为他们向教务处申请转专业的名额。谷同学的书院导师也会利用午餐会、水果局、校友讲座等形式,定期了解学生的近况,给予适时的关照,并分享一些过来人的经验,使书院学生受到鼓舞。

复旦大学管理学院师生午餐会

来源:复旦观远公众号《活动回顾|第十届管理学院师生午餐会圆满举行!》https://mp. weixin. qq. com/s/itYdvvP_e2YYoxCw5RdkcQ

我的“结构洞”

在校园里，除同学和学长学姐外，让学生感觉最接近“朋友”的人无疑就是辅导员。在复旦，辅导员包括专业教师兼职、行政教辅兼职、专职辅导员、人才工程兼职、学生助管兼职，他们中的主力是青年教师和研究生。别看辅导员多为兼任，他们在本科生培养上担负的职责却丰富而重要——既要引领学生的思想政治发展，担起“德育”第一线的大旗；又要帮助学生完成所有培养环节，做好“传讯兵”，不让一个学生落下；还要时时关注每位学生的生活动态，以“过来人”的智慧帮助他们度过求学旅程中的种种挑战和坎坷，为他们的健康发展保驾护航……他们的工作既连通学校各部门、各院系，又深入每一个班级、每一个宿舍。没有人比辅导员离学生更近，我们的许多受访者都把自己的辅导员看作“我心目中的好老师”，亲切地称他们为“王导儿”“李队长”“许老师”“严大大”“陈哥”“赵姐”……有关他们的回忆总是很具体、很温暖。

辅导员对学生的“关心”和“用心”总是让离家的学子感受到“贴心”。为了“更好地了解同学们的真实想法，更加直接地为同学提供帮助”，基础医学院的“严大大”在完成青年教师的学生工作KPI后选择第二次出任本科班辅导员，对此，他的学生们感到很珍惜、很骄傲：

虽然工作很繁忙,但是(我们)常常能见到他下班后来到我们身边,走寝视察、单独谈心等等,严大大总能在我们需要的时候出现。他总会下班后亲自来寝室收取我们要交的材料,顺便会把我们聚在一起聊天,大大总是会做很多这样看起来"顺便",但其实很用心、为他人着想的事情……四年来,严大大如兄如父,一直陪伴着我们,严宽有度,言传身教——有他这样的辅导员,我们感到无比幸运。

在复旦,对做辅导员"上瘾"的老师还不少。信息科学与工程学院陈导于2006年入选复旦大学第13批人才工程预备队队员,从2007年开始担任本科生辅导员,一干就是十几个年头。在学生记忆里,他的口头禅似乎就是"有困难就要说",他总是语重心长地说:"你不说我们也不知道呀,你不是一个人,有什么问题都可以来找我,我们一起商量、一起解决。"确实,面对学生层出不穷的问题,辅导员们仿佛总有应对之法。他们是善于倾听的知心哥哥和姐姐,是联通本科生和其他老师、学长学姐、校友等多方的"结构洞",是了解各项政策、众多企事业单位和实验室的"万事通",是出国交换或深造申请文书的指导老师……总之,只要学生需要,辅导员都会尽力帮助。在这个过程中,他们可能需要学习的东西非常杂,要下很多的功夫。有的时候,辅导员不见得能成为学生所遭遇问题的神医良方,但一句"我在",就是最坚定的陪伴,最温暖的力量。

"设身处地"是学生们感怀辅导员的另一个关键词。辅导员们基于学生实际需要开展的"有用的活动"总是能获得很多好评。学生们总爱提陈导从一线带班经历中总结出的"60％效应"：

> 他觉得班级前20％的同学往往规划比较明确，后20％的同学通常本来就比较受到老师们和辅导员们的关照，而中间的60％，也就是大部分人，其实很可能成为"小透明"。所以他做了一个"Mathematic＋"计划，就是要看到我们，帮助每个同学找到人生方向……我记得他有邀请毕业生到班会介绍金融、咨询、教育、基层、参军等等领域和经历，(他)鼓励大家把目光放长远，为自己做规划，也要把自身(发展)和国家需要结合起来……(令我)印象比较深(的)是在主题班会中(他)要求大家写自己四年后的简历，剖析自身兴趣爱好、技术特长、职业理想等等，然后还为不同方向的同学建立了不同的小组，比如"Mathematic＋金融""Mathematic＋教育""Mathematic＋基层服务"等等，后续也有不同的资源和机会的提供，我觉得很实在，很有用。

异曲同工，在学生的回忆里，专业教师和辅导员的双重身份恰如其分地体现在软件学院的朱老师身上，即便是在讲授专业知识的时候，他也是在为学生提供有用的生涯指导。"朱老师有着丰富的青少年科普工作经验，他也将这些经验移植到授课过程中，将晦涩复杂的课程内容用通俗易懂的方式呈现出来，平缓了计算机课程较为陡峭的学习曲线。"一位学生说，"同时，他还会有意识地将一些最新考研、实习、面试常见内容穿插其中，让同学们发现，原来自己学的貌似枯燥的内容真的是有用的，(是)与我息息相关的。"

最后，学生记忆深处的辅导员更是优秀的"多面手"，是榜样。这不仅体现在他们在各自作为教师、科研人员或研究生所专精的领域非常出色，更体现在他们陪伴着本科生在各种各样的活动中一起成长。带领学生参加创新创业比赛、深入基层或远方进行社会调研；开课、办工作坊，利用所有可能资源为学生提供精细化生涯规划；指导学生组织院系和班级丰富多彩的活动……这些对许多辅导员来说是家常便饭。而正是通过跟辅导员一起共事，学生们收获了一份感恩、一种责任心，还有实实在在的技能。

比如，在刘同学心中，自己的辅导员许老师就是复旦精神的践行者、传播者。刘同学回忆：

> 大二暑假，我在许老师的带领下赴云南省开展乡村振兴社会调研，学习复旦精神，感悟青年担当。在调研途中，许老师和我们同吃同住。（我们在）火车（上）坐了十个小时才到云南，一路上她还在电话里处理工作，刚下车就立刻开展调研准备。白天她与当地基层工作者还有研支团的同学交流乡村振兴的工作体会，晚上走访经济困难学生家庭，提供力所能及的帮助，时刻和我们分享学习心得与感悟。这跟她日常在班会上、办公室里、座谈会上、走寝时是一样的，感觉许老师切切实实地通过自身把复旦人的精神传播到了更多人的心中。对我而言，她是本科期间很重要的引路人，是一位认真负责的好老师。

非常巧，崔同学对许老师"多面手"的印象与刘同学非常契合：

（我们）和许老师一起开展关于乡村振兴的青年研究,她的理论知识非常丰厚,很耐心地给我们讲解,还手把手——真的是手把手,一个一个步骤——教我们怎么做调研和研究,包括问卷数据处理细节和软件应用。许老师还带着我们一起学习统计软件和图形处理,对我们写的东西逐字逐句地反复推敲和修改。十万字的成果报告啊! 真的很不容易。跟她一起调研过这一遭,我才觉得我真的学会了社会调研。

结语：良缘并非天定

　　本章的最后一节想回应开篇提到过的现象，即从访谈中，我们发现复旦既有因与老师深入交往而飞速成长、收获满满的学生，也存在几乎未曾与老师说过话的学生。在前面这一类学生的回忆中，当提及对自己的学业、生涯、生活影响深远的老师时，他们总是感叹缘分的眷顾，感恩幸运之神让自己与老师遇见，并有了密切的互动，得到了直接的、个性化的指引，陪伴自己经历对未知的挣扎。那么，为什么有些学生似乎比其他同龄人更能"遇到"好老师呢？

　　诚然，运气和机缘在许多师生互动的故事中发挥了重要作用。但经过对访谈材料的反复琢磨，我们心中却经常升起这样的印象：在复旦，学生想提出的每一个问题、想探索的每一个方向、想寻求的每一种支持都可以找到合适并愿意给予帮助的老师。从踏进校门到毕业离校，复旦为每一位学生配备了书院导师、学术导师、论文导师，然而，高质量师生互动的主动权却是掌握在学生手里。如果学生愿意主动寻求帮助，就能收获老师们的指导和支持。从好老师那里受益最大的学生，往往也是那些最愿意主动思考、最具有自主性、最有决心把邮件发给老师的学生。

　　护理学专业的张同学在复旦度过了起伏跌宕的四年，与不同院系的多位老师有过深入的交往，经历丰富。从她身上，我们看到了一位对自己高度负责的本科生是如何在复旦获得了可贵的师生情谊，以及自我与专业上的成长：

我高考没考好，调剂来的护理专业……（我）觉得很（受）打击，特别是来了之后听到一些话，比如"山鸡还想变凤凰的？你这一个护士，你走再高你也是护士，你身上的血你洗得干净了？你平时都说你自己是复旦的，这个专业也算复旦的？"然后实习、上课也是和没听过名字的高职院校的学生一起，就觉得学护理非常没有意义……（我）很难受，我其实一直对历史、地理感兴趣，就下决心想换专业。然后我一个本科生给葛老师发邮件，葛老师特别认真地回复了我，还回复了两封，后面他还鼓励我说："你可以尝试一下，未来硕士或者是博士再选择史地……"后来张所长又给我发邮件，告诉我说："你可以来我们这里旁听，或者如果你真的喜欢，（我们可以）在咱们史地所教研室里给你开一个比如说助理的职位，你来到这边其实都是一样的学习。"然后我就大受震撼，我想，我的天！我一个本科生，是我何德何能让这些老师这样为我考虑，太有人情味了……

我后来毕业论文的导师特别好。大二的时候是网课，周围的人都让我很郁闷，我每天很不开心，但是我可能比较会跟老师去分享自己的心情、想法什么的。那个时候导师在美国，我们还有时差，但是她是注册心理咨询师，然后每周她都会定期来跟我做一次心理辅导，就是隔着时差给我做。（这）不通过学院，也不通过学校，就只是她的个人行为，她可能觉得我需要陪伴。而她（其实）完全没有必要"浪费"时间在我的身上——那个时候我们连后续的在科研、实验室方面的联系都没有建立的时候，她就这样（做），对我太好了。后来我简直觉得我选择这个"倒霉"专业可能就是为了遇见她。一正一负抵消掉了，就也罢……

　　她是一个超级温柔的老师，是她一路支持我考史地所。其实我没有考上，但是她特别支持我，然后包括写论文……可能我觉得我写的是垃圾，但是老师改过以后就特别好，所以它才能发，能发都是因为我遇上了这样一位好老师……我能感受到的全部都是她对我的那种无微不至的关怀，她是这种好老师……她也特别"恐怖"，我不论什么时候给她发消息，就是那种论文我改好（一发过去），她几乎都是会随时回，我都觉得她不用睡觉的。她特别地勤奋刻苦，有那种科研人的持之以恒的决心，然后特别地踏实肯干，反正就是我可以把世界（上）一切美好的形容词加在我的导师的身上，她就是一个很美好的人……比如说我第一次参加国际会议，因为当时要录一个video，但是她那个时候已经怀孕8个多月了，就完全可以在家里不过来的，但是（她）还是（来了），我记得大中午她跟我一起去食堂，我们俩面对面一起讲思路，后期的时候也是（她）在帮我调发音。后来她在坐月子的时候，正好就是我的第二篇核心（论文）又发来了审稿意见，我是一作，她是通讯（作者），那个邮件就发到她那边去了。那个时候我准备考史地所，她就说："你不要管了，去学你的史地，我给你改好……"

　　随着大四保研和考研的落幕，我没有拿到史地所的名额，而且其实对护理方面的科研也有了兴趣。有一段时间(我)不知道选什么好,也不知道后面的路怎么走,就跟导师聊了很多……有一次,我的导师就问我说,她读博的时候在华盛顿儿童医院有一位师姐,现在在爱丁堡,可以考虑一下(去读书)。我的二导师听说了也特别兴奋,她不停地鼓励(我)说去英国,报剑桥。我说我绩点太低了,她就不停说给我(参考)数据。她们其实都让我看到了希望,所以(我)后来还是打算去外面(深造)。虽然对史地所还是有点不甘心,但(我要去继续学习的)医学统计是个很有意义的专业……导师就让我切切实实地看到,作为一个护理行业的高质量人才,她有着非常强烈的光彩,导师带着自己做的那些事,让我意识到护理专业也是很好的,只不过现在因为各种条件暂时没有办法达到自己的想象,但(我)自己还是坚信,有朝一日,在像导师这样优秀的人的引领之下,护理专业会走得更远、更好。

富有收获的大学教育很大程度上依赖于学生与老师之间的联系与交往。每个学生都应该主动寻求与至少一位或少数老师建立起良好的联系,从他们身上学习、体味为学和为人的道理,积极参与他们的教学、科研工作,乃至生活,汲取丰富的经验与指导。勇敢地走近老师们,幸运就会降临。

当在访谈中被问到对未来本科生的建议时,"主动"总是受访学生们提到的关键词:

你一定要主动都跟老师说,其实老师很乐意帮助你的,比如说我去做"曦源"(项目),他把项目挂在上面,(如果)你不去找他,你永远得不到,就是永远也不知道这是什么东西。但是你如果给他发个 email,老师也很乐意提供帮助。其实他们也希望每个同学都有进步,他们也希望能够(给)学生做点什么。(刘同学,核科学与技术系)

现在要转变一种思维,不是老师一定要教,而是你一定要学。现在(的学习)不像高中一样,是老师要塞给你的,而是老师就在那,你要主动去找他请教,你才能学到更多的东西。所以我就一直记得(这一点),后面包括去实习或者实践这些,我都会觉得要主动地跟别人交流……老师视野非常开阔,能够打开你还意识不到的东西。而且(如果我)下课找老师讨论问题,大部分的老师都会非常愿意,有真的在学习的那种氛围,这是让我觉得很好的地方。(陈同学,外文学院)

最后,综合所有受访学生的分享,我们总结了以下建议:

1. 学习、生活、生涯选择等等都是你自己的事,而老师们是愿意并能够帮助你的人。

2. 主动向老师提问,敲开老师的门,发出给老师的邮件……如果一次无果,就试第二次。如果不知道找谁,就试试先找辅导员。

3. 和老师的相处更是一种相互了解、共同进步的过程;不要畏惧老师,他们也很想听听你的看法。

4. 向老师们学习、取经,同时保持独立思考,不要盲从。

5. 上大学,你是第一次,但你的问题和困惑极可能很多人都有过;多向过来人请教,不要怕麻烦辅导员和老师们;走可以避免的弯路是不值得的。

6. 你的大学和人生都只有一次。如果发现所选的导师、方向等不适合自己,可以换。不用纠结或不好意思。老师们希望你走得长远。

第五章　难得好同窗

同龄人对大学生成长的影响可能超越许多人的想象。受访者郝同学就读于复旦大学新闻学院全球媒介与传播国际双学位专业硕士项目,也是国际关系与公共事务学院2018级本科生,其曾坦言:"我在大学这几年的收获,如果非要(按比例)说的话,我从室友、同学身上学到的,和我在课上学到的,和我在实习或在其他地方学到的东西,可能就是1:1:1。"同伴带来的教育意义举足轻重。

同时,尽管如同所有优秀的大学一样,复旦为学生们提供了尽可能全面而细致的支持,如上一章所展示的,这里的老师们愿意成为学生成长路上的陪伴者和引路人,但现实中,大学生的学业和非学业上的烦恼仍旧悄然存在。它们隐匿于学校和教师的可见域之外,只向彼此懂得的同龄人开放。

过来人总爱真切地对着懵懂又满怀期待的新生说:你将会在大学校园里遇见往后余生最好的朋友。的确,当我们问校友"毕业了之后,有没有保留和复旦的一些长久的联结",许多人都会滔滔不绝地开始细数自己在复旦认识的"兄弟""闺蜜""战友""小分队""老朋友"……我们发现,同龄人之间的互动构成了本科生"非正式"大学生活最主要的部分。随着一段段生命历程的展开,同学、室友、队友、学长、学姐、学弟、学妹等日常称谓焕发出无比亲切而闪亮的光芒。

从访谈中,我们看到同学之间的缘分远不止并肩学习的陪伴,更有志同道合的豪迈,有互为镜鉴的可贵,有风雨同担的坚定,有共享青春的喜悦。那些记忆里最可爱的同学,总是不经意地相识,在漫漫时光中相惜,在人生的远途上相知。在这里,我们想要分享他们青春作伴的年华,记录大学生活中的美好日常,以期揭示:大学里那些最惹人怀念的同伴互动是什么样子的?这些同龄人的交往存在什么特点？这种互动又是如何发生的？

　　本章将要分享的故事主要来自访谈中的以下问题："你喜欢复旦的同学们吗？与身边同学关系怎么样？有没有一个集体让你觉得有归属感？""你大学这几年有没有交到很好的朋友？你们是如何相识的？详细说说其中1—2位,他们是怎样的人,对你有何影响？"以及"你认为存不存在一种复旦(人)的文化特征/气质？如果存在,是怎样的？你是否欣赏这种东西？"

　　通过展示受访本科生与校友们或精彩、或平淡,但必然真切的故事,本章希望为每一位正在或即将生活在大学校园的学生提供一些启示——如何与同龄人交往？如何从交往中丰富自己、丰富他人,并收获珍贵友谊？

光草读书会,来源:复旦招生公众号《来复旦拥抱光草！在光草拥抱书籍》https://mp.
weixin.qq.com/s/vPBHwLE8RKaMQ7xc2mfcHQ

和我不一样的同龄人

阳光本没有颜色,遇到空气中的水珠,光线被折射及反射,而形成七彩光谱。初入大学的许多学生或许曾以为自己是无色的,以为芸芸众生都相似,一样苦读而来,一样向着"高处"去,有一样的喜怒哀乐、一样的价值追求。但复旦校园的最大魅力之一便是它的多元。只要稍加留意,学生们便会发现同伴之间的差别是如此巨大又如此细微,但只要认真了解,放开自身去接纳,便能看到这世间人的丰富,就像透视一个放大版的万花筒,斑斓、多面,每一面都折射出更清晰的自己。

苏格拉底说"未经审视的人生不值得度过",又说要"认识你自己"。通过受访学生们的讲述,我们不难发现,身边伙伴就是一条"认识你自己"的捷径,以及一面面明澈的镜子,让学生们反观不同,审视、自省,从而打开新的视野,更好地认识自我,更好地理解世界。

进入校园的第一天,新生都会打开随机分配到的"室友盲盒",奇妙的缘分也许就此开启。范同学是材料科学系 2018 级本科生,已保研至本专业,并成为材料科学系 2022 级本科生辅导员,她对自己的两位室友充满赞美:

　　我上海的室友,我觉得她的视野可能比我更加开阔一些,包括家庭对她的教育可能比我的更加丰富一些。她是一个非常随和的人,平时一起玩,或者一起买什么东西的时候,(哪怕是有)什么冲突或者各自的坚持,感觉什么都可以跟她好好地商量。另外一位室友则引起了我对历史的兴趣,从大一以来,我们一直陪伴彼此,一起上课。她们一方面是陪伴我,另一方面也让我看到更优秀的同学、更全面发展的同学是什么样子的,对我影响很大。

　　更多的缘分每天都在校园里发生,也许在下一个路口,你就会遇到为你打开新世界的伙伴。在药学院 2018 级本科生,后直博至本校药学专业继续攻读博士学位的何同学的回忆里,好朋友就闪现在军训的某天:

　　　　那天训练结束,我正在去餐厅路上,他突然走过来问我要不要一起吃饭,我就同意了。第二天训练完,他又来找我,问要不要一起吃饭。后来时间长了,(我)就默认了,训练结束之后我会等一等他,因为感觉他肯定会来找我,一来二去就习惯了。后来,周末他就带着我出去玩一玩,转一转,也一起学习,慢慢就变得很熟悉。

　　在何同学看来,这位朋友"很多才多艺,比较有自己的想法和见解"。因为他对音乐感兴趣,他们会一起"听一些没有听过的乐曲,看街边的乐队表演,去一些上海内外的场子"。何同学因而"感

军训中结交志同道合的伙伴

来源：复旦大学公众号《有那么一场歌咏比赛，会久久回味……》https://mp. weixin. qq. com/s/-hY4EgnOX2-7NW-sU4SGHw

受到了另一种生活，对另一个世界的一些事情产生了兴趣"。尽管这位朋友后来去当兵了，他们还是愿意彼此分享生活，聊聊心事，一起想想解决办法。

而中文系 2016 级本科生，后成为中国人民大学高瓴人工智能学院直博生的张同学表示，对他大学期间最具影响的同伴是一位从云南大学到复旦联合培养的同届学生，两人在入党积极分子的培训班上认识，经过几次谈天和出游熟络起来。张同学认为这位同学和自己很不一样，"是一个很纯粹的人"：

> 比如说我学什么东西，我会非常地功利，我会考虑到未来

怎么样、就业怎么样。但他不一样。我觉得他是真的因为喜欢这个专业,喜欢研究这些,才想要读研的。他的专业大概是古代文学,他研究很多《周易》相关的内容。但是如果是我的话,我就不会去做这个研究,我会觉得这东西跟现在的生活没有多大关系。但他是把它当一门学问来研究,不会想这个东西跟当下的生活有什么关系,或者有没有用。我觉得他很纯粹,是兴趣导向的。他这种纯粹的心态确实影响到我,确实也让我反思了一下自己这种从功利角度追逐热点和追逐实用的心态,它是不是有的时候其实并不是一个很好的选择,会让我思考什么才是值得坚守的,我是要一直去追逐热点,还是说我要去坚守某一个方向继续研究,而不是像无头苍蝇一样。这确实帮助我在思考上提出了一些新的问题。

尽管张同学后来的规划或许正如他所言,并没有跳出"追逐热点"的模式,但这段友谊让他对自己和所选择的道路的认知都更深刻了一些。

王同学是中文系 2018 级本科生,已保研至新闻学院国际新闻专业,她对复旦同学的整体印象是有"自由探索的勇气"——"每次都能让我打开新世界大门,和每一个人交谈可能都会获得一些新的知识""大家都在非常自由地去探索自己喜欢的东西,再就是用合理的方式去为自己的权益和追求发声"。

她举了一个例子:某段时间,学校对学生们取快递的时间和方式规定得过于苛刻,没有考虑到部分同学存在实际困难,比如课程时间冲突等,一些同学就组织起来,通过朋友圈发声、向辅导员和校长信箱反映相关情况等方式,有效地提出了自己的诉求,促使规定有了相应的改变。这对王同学来说是一种冲击,因为以前"不管是父母还是老师,都会说年轻人要少惹事",让她看到了年轻人身上应当有的觉醒和力量。

多元的学生在复旦相聚,碰撞出火花,类似的事例在访谈中反复出现,不胜枚举。正如新闻学院 2018 级本科生、保研至本院新闻传播学专业的马同学概括的那样:"在大学的朋友,我觉得有一些是比较好的榜样吧,就是他们真的很优秀,也会让我看到更多不一样的可能性,我也会从他们身上学到很多,去让自己也尽量拥有某些闪光点,变成更好的自己。"这是其在访谈后意犹未尽发给访员的信息。

哲学系 2018 级本科生,后成为宁夏回族自治区选调生的姬同学也在与访员的补充交流中提到,大学让其接受了人的差异性,拓展了他的边界:

> (我)在大学接受了人与人之间的不同。我从北方来到南方,不同地区的人有着不同的处事方法。北方人处事相对直率,这种直率带给人的感觉就是真诚,喜怒形于色,一般不会藏在心底,所以和他们交往比较轻松。南方人处事比较曲折委婉,一般不会与人红脸以及撕破脸,喜怒藏于心,所以一开始给我的感觉是比较虚伪和难以打交道。但是在复旦待了四年之后,(我)发现虽然他们处事方式不同,但是仔细体会,(我)还是能够发现复旦同学的闪光点——他们有理想,并且能够付诸行动,与同学待在一起,(我)感觉自己没有虚度光

阴,自己一直在追赶模仿,保持进步。

"复旦的同学们我感觉都很优秀,在每一个领域你都可以找到那些很棒的人。这个人他摄影非常好,那个人轮滑比较好,那个人他是个 up 主,他拍视频比较好,剪辑比较好……这种人真的太多了。"赵同学从另一个侧面描述了复旦同学的多元,"这跟高中、初中、小学比完全不一样,(那时)虽然也有很优秀的同学,但丰富性不能比"。

多元的年轻人在校园相聚,相互分享、碰撞,收获情谊,更收获成长。在许多受访者回忆里,这是大学经历独特的馈赠。正如校友王同学所言,"复旦是让我们从不同走向更不同"。

懂得我、鼓励我的知己

大学生活充满魅力，同时富有挑战。受访学生或多或少都面临学习的压力、抉择的迷茫、试错的慌张、个体的孤独、人际的牵绊等等。诚如前文所言，大学生的许多思考和烦恼是私密的存在，只向彼此接近、彼此懂得的同龄人开放，也只有这些知己能够更有力地彼此鼓励。年轻人渴望被懂得，"无话不说"和"倾听"是受访学生形容好朋友的高频词。他们愿意"把脚装进彼此的鞋子里"，去相互理解，而后携手前行。

中国语言文学系 2018 级本科生，后直博至本校语言学方向继续深造的包同学说，她大学最好的朋友是在远征社认识的"同事"。在她眼里，这是一位"独立而有主见的女孩子"，是"能一起商讨人生重要选择的人"：

> 大三上的中秋，任重（书院）中庭有放花灯，她拍照很好看，她拿相机在拍，我正好在那散步，然后碰到我了，就说要不我们一起拍张照吧。（我们）就这么熟悉起来。我俩也不是说天天一起吃饭，天天聊天什么的，但（我）会觉得如果碰到什么大事儿了，去找她是没有问题的，然后她好像也会觉得说，她有什么想法都会来跟我沟通，我们就很开诚布公，（有）什么想

法都可以讲出来,也不会觉得被 judge(评判)。

比如,大三(时)我们都想过要不要试一下北大的研究生,因为成绩都还不错。我们聊得非常多,包括自己为什么想上北大,这是不是一种虚荣。我们就是觉得如果能上 Top 1 的中文系,就能证明自己。但是我们为什么最后又都选择了留在复旦呢? 可能也没有很多很高大上的理由,就是觉得喜欢复旦的人,喜欢这些朋友,喜欢这些老师,所以就留下来了。我们就聊这些。然后那时候两个人的情绪波动都很大,就一方面在准备有可能要面对的这个保研的问题,然后一方面又在思考要不要去试这件事情。(我们)聊得也很深入,在这个过程当中,其实两个人不仅是在交流一些很坦诚的想法,就比如说虚荣,没有那么高大上,就是虚荣,而且有的时候也会互相鼓励,就是觉得即便不去北大,也会很好,但如果是真的想去,也觉得对方会成功——就是这种相互支持的关系,是基于相互懂得所以相互支持的关系。有时候可能我会 emo,心情非常不好的时候,我就去找她,会得到鼓励。

在上一节出现过的范同学也有一位引以为知己的学姐,不仅明白她,更能鼓励她,和她一起去探索天地:

(我在)大三的暑假通过志愿服务认识的这位学姐,她是生命科学(学)院的。当时我们两个同时负责一个区域,有聊一些天,就发现我们两个的兴趣爱好比较地投合,她也会对哲学方面的问题比较感兴趣,我们两个就有一些讨论。我觉得她对我的影响主要（是）让我像找到一个知己一样，她能够理解我在想什么，我也能理解她在想什么，两个人互相交流，让我们都感受到了一种共鸣。而且在大四的时候，（我）有一段时间其实觉得心情不太好，因为当时有实习，有二专，有工作，还有学习，就很繁忙的一个状态，当时她就拉着我去看了一些画展，而且拉着我去听了一些书店的沙龙讲座——我自己是不会去做这些事情的，感觉好像我还没有拓宽到（那些）边界，需要一个人来鼓励我，我才会去跟她一起从事这些活动。我觉得她一方面作为一个知己，能够明白我在想什么，能够理解我，另一方面她也能够引导我去（做）一些我想做，但是却没有勇气做的事情，在这两方面她对我的影响是很大的。

还有一些"幸运儿"在大学遇见了心仪的人，这让他们更有机会站到一个更贴近他者的角度，学会彼此理解、彼此接纳，在甜蜜而复杂的亲密关系中收获成长。哲学系 2018 级本科生，毕业后赴德国慕尼黑大学继续修读哲学的岳同学就将与男友的恋爱形容为大学中的重要一课：

我男朋友对我的影响，除了他爱读书，能从思想上带给我一些交流（之外），还有就是谈恋爱的话，两个人之间一定会不一样——就算非常喜欢对方，但是肯定会有不一样的地方。我觉得长时间谈恋爱就是慢慢地去磨炼自己的性子的一个过程，比如说对方有一个事情让你不满意，但是如果（你）发火的话，很多时候会伤害到对方，而这个其实是不太好的一个处理方式,应该换一个方式去表达,不是去骂对方,而是去引导对方,或者说可能自己也反思一下,是不是我只是站在自己的角度思考,而没有理解对方为什么这样做。

计算机科学与技术学院 2019 级本科生,后保研至本校本专业的汪同学则认为,由于两性之间的差异,由于真诚之于情商的重要性,爱情的淬炼对大学生而言是"特别重要的":

> 其实我觉得爱情对于一个大学生来说还是特别重要的。一个大学生,如果四年都是跟室友磨过去、磨过来,多少是有一点"荒凉"。我们在看待一个异性的时候,不管说男的还是女的,他/她始终有一种吸引力,他/她是一种他者,你无法理解,但就是因为你无法理解,所以你要去理解一种类似矛盾的东西……我们在每一个举止之间,我们都在透露一种请来爱我,或者说我需要被人爱,或者说我喜欢你这样的一种感情。这和整天和室友待在一起是很不一样的,我觉得这还是很重要的,是一个必修课。
>
> 情商这个概念,虽然人们在社会上经常提及,但是很少有人真正去了解过情商是什么。情商并不是会说话,(比如)很多人会伪装自己,用一些话术骗人。情商最根本的还是真诚,(体现在)你的举手投足之间、你和你的爱人之间——你不小心碰到喜欢的人的手,心惊了一下,脸红了一下,我想要了解你在想什么,也想要你了解我,这些才是真诚,之后才有情商。

高质量的友谊和爱情绝不是"社牛"们的专属权利，这可能是如今许多自嘲为"社恐"的大学生们的一大误解。我们不能忽略，对于一些个性内向或者来自弱势背景的学生而言，校园中的社交，即便是与同辈之间的交往，都可能是令他们倍感压力、无所适从的事情。但这并不意味着他们就要面对孤独，一个人去扛起学业和非学业的诸多挑战。

除了辅导员、班集体这些既有的支持体系外，自2008年起，复旦成立了面向家庭经济困难受助学生的专门育人机构——"助学成才家园"（以下简称"家园"或"助学家园"）。家园依托八个以不同助学金为名设立的公益助学社团，每个受助学生依其助学金名称自动拥有该社团的会籍和助学家园的活动参与资格。该会籍无强制性，学生可以自主选择实际参与与否，还可以申请加入助学家园的干事组。这意味着，每个家庭经济困难受助学生会自动收到辅导员下发的助学家园的活动邀请邮件。正因为如此，家园成为一些弱势学生第一个加入的社团，在这里，他们遇见境况相似、彼此懂得的同伴。

来自甘肃某国家级贫困县的张同学在大二上学期因为上述原因加入了助学家园，成为社刊的编辑。大二寒假，她在家园的支持下作为负责人组织了去家乡高中的支教活动，并在大三这一年担任了家园的理事长。谈起自己对助学家园功能的理解，她说：

> 我们的"家园"没有其他学生组织里面那种（相对）"残酷"的竞争，而是希望同学在里面能获得成长。其次的话就是要给大家一种被接纳的感觉，这是我们非常强调内建的原

因——内建不是花钱去大吃大喝,而是要让大家有一个真正放松的心态跟自己相似的人去互相理解。(家园)还有一个功能就是培训,因为很多同学在技能方面会比较欠缺,那我们也会组织一系列的培训,比如邮件礼仪、活动策划等等。

与"助学成才家园"一样,复旦的许多兴趣社团、公益组织、运动队、课题组、实验室等等,实际都发挥着聚人、助人、育人的全方位作用。这些地方和宿舍、班级一样,也可以成为"社恐"的天然避风港,使学生在一起做事之外,更收获可贵的情谊。

外国语言文学学院英语系 2019 级本科生,目前就读于哥伦比亚大学教育学院英语教育专业的柳同学自称是"十级社恐",误打误撞进入麦田剧社后,其心态逐渐打开:

参加这个剧社之前,我真的蛮"自闭"的,没有(在复旦)找到一个很有归属感的团体。加入之后,我一开始很怯生生的那种,我很怕别人都会评价我,但是到后来就发现,只要你的心态是 open 的,然后你勇于把真实的自己展现给别人,其实大部分人还是很友好的。我觉得我学会的最重要的一点,可能是要保持积极,就是不能把大家都想得那么"硬",自己要打开。

在对毕业校友的访谈中,我们也很惊喜地发现,许多在校期间结交的同伴一直陪伴在彼此的未来生活中,并且保有着同学间特别的交往方式。在第二章中出现过的已就职于著名"红圈律所"的校友尹同学对此有很深的感触：

现在隔三岔五就会联系的有二十几个（以前的本科同学），每天都联系的可能就得有十几个，包括我现在的同事（里）有四五个就是以前的同学……大家会一起去讨论，有时候会回忆本科的一些事儿，都会觉得都还挺好玩的，就是那个时候的自己是多么简单，或者说幼稚，或者单纯。嗯，也会讨论业务问题，就是大家都会没有什么保留的——因为现在大家可能做不同的领域了，如果我们遇到不是自己领域的问题，我们就会去找做这个领域的同学，大家都会很认真地、没有什么保留地去给你解答，去帮助你理解。

（我们）有时候也会讨论一些可能跟业务关系不大的学术的问题，就他们也会愿意去跟你聊学术的问题，我觉得这个可能也是复旦带给我们的一个东西吧，就是虽然这东西对我的工作可能没什么大用了，但是我愿意跟你去聊这个学术的问题。而且有时候，我跟他们聊这些问题的时候，会让我有一种回到本科的时候（的感觉）。那个时候我们大家都在外面实习，晚上实习完回来了，大家就会聚到一起去聊，我今天遇到的什么东西。那个时候我们聊的很多问题，在现在的我们看来，其实是一些非常简单的事情了，因为当时还是实习生，但是那种状态和那种感觉是不变的，就是和当时实习完回来聚在一起，聊那些问题的感觉是一样的，就是一种很好很好的感觉、很好的状态，或者说是一个非常好、非常健康的圈子。

来源：复旦大学公众号《咔嚓！毕业季，你与谁合影了？》https：//mp. weixin. qq. com/s/
EDE8vj3kydS6avy4iVSTyw

照亮我生活的陪伴者

我们从访谈中了解到,同学之间长久的陪伴,比如在低落时的点滴关心,或许很多时候并没有跌宕起伏的故事,却切切实实地充盈了许多学生的大学生活,赋予了彼此生活的信心和勇气,构筑了他们强烈的归属感,让他们回顾在复旦的日子时,心中充满美好。

对于像屈同学一样来自小地方,在高中拥有很亲密的朋友圈子的学生而言,来到大城市上大学可能让他们在适应性和情感上面临巨大的挑战。初到复旦,她总是"空落落的""特别没有安全感",甚至一度对如何一个人度过一天感到手足无措。幸而,室友们给了她很多关心和陪伴,让她"花了两年时间才终于适应了可以一个人吃饭和上课的日子"。说起那些彼此的陪伴,屈同学的回忆中满满都是细节:

> 我和大一的重庆室友基本上周末都会骑自行车出去逛,跟她去过好多地方:杨浦区、虹口区、静安区、闵行区,然后包括外滩那边。一件比较疯狂的事情是,我(有一次)考试一结束就跟她一起去了外滩,我们当时坐地铁过去的,在外滩那边逛了好久,逛到晚上12点多的时候,我们徒步从外滩走到了宿舍,到宿舍的时候2点多了。

大一的时候体检，当时（室友）检出好像心脏有一点问题，医生建议她去长海医院检查。当时大家也不熟，但我就觉得要跟她一起去，帮她排队一起弄。她特别担心，其实也挺害怕的，我就安慰她，陪着她一起。后来因为有检查比较难预约，要第二天再去，她说让我陪她去——其实我当时有点害怕，因为我有一节体育课在第二天上午九点，去医院的话就很可能会迟到；我第一次上大学，我也不知道迟到会怎样，但我想想还是陪她去，就一直陪着她。

然后考研的话，因为（我）不是考本校，我是想考交大，（那个考点）比较远，我就在那边租了一个宾馆（房间）。我室友们就觉得一个人住宾馆特恐怖，觉得危险，就主动说和我一起去。我们当时三个人一起住的，早上我得起特别早，因为离交大还有一段距离，可能还要排队什么的，所以我 6:50 起床，对她们平常来说是相当早的了，因为已经习惯 9:00、10:00 起床了，但她们都起来了。那两天还特别冷，风很大，她们就是早上送我过去又回来，中午又去接我，还会在路上买一些奶茶、糖葫芦什么的。路上我们就分享考试的感受，她们又特别关照我的情绪，还会开导我，刷微博看到可能有用的信息就让我看一下，晚上也一样去接我，反正那两天就一直陪着我。我觉得大学里面能有这样的好朋友，真的很知足。

从屈同学这些记忆中的细节来看，和室友的关系超越了陪伴而达成了更重要的意义。这些朋友、这些经历让她具备了"满怀期待地独立去生活"的能力。那些和室友一起看的电影、一起聊的天、一起轧的马路构成了她对城市生活的信心。正如她所说:"虽然生活很繁忙,但有些人和事能让我放空自己并感到幸福。"

每位受访者都在大学生活中经历过高低起伏,同学的陪伴在那些暗面时刻显得尤为光亮。法语系 2018 级本科生,后保研至本校本专业继续攻读硕士学位的朱同学曾在军训期间戏剧性地开始了一段相互扶持的友谊,当时她闪了腰,并因此与另一位摔了腿的同学一起坐在了训练场边:

> 我们两个家庭背景、成长经历都比较像,慢慢也就聊到了一块去。大一的时候,我有一段特别特别低谷的时期,她说其实她刚进学校的时候也是,就感觉我们两个心理状态、各种经历都还蛮像的,我们后来一直都是很好的朋友。
>
> 我们俩也特别奇怪,好像忙的时候都一起特别忙。(大三的时候,)因为她是走了人才工程,会有各种各样的面试,就有一个月搞得特别累;然后那个月我是刚刚到法国这边,考试特别多,然后我也很累。我们俩(就)经常在网上互相说"我要'死'了""我要爆炸了",就是这样子维系起来的友谊……我们其实很像:自己情绪会很不稳定,但是又比较擅长把对方的情绪给稳定下来。
>
> 我们对于学术都有自己的兴趣,有时候做项目,比如说我今天不想做了,我觉得好烦,怎么看这么多东西都看不出什么名堂来,她就会说,她现在也来看,我们一起看,看看能有多难。就这样,互相鼓励,互相搀扶着走下去。

2022 年春天,疫情突袭上海。当时在哲学系毕业班,后来成为宁夏回族自治区选调生的姬同学有过回家的机会,但选择了放弃。他说:"我就是为了我的朋友,我知道我这是最后一年见到他们了,之后可能永远见不到,所以我选择留在复旦。"跟很多受访者一样,他认为友情意味着陪伴,意味着不孤独,意味着"即便是聊着最离谱的话题,也很有意思"。

同样是面对这一时期的疫情,生命科学学院 2018 级本科生,后成为复旦大学"卓博计划"第二期学员的杨同学没能与室友身处一方,但也始终相伴,共同走过了大学重要的一个阶段。杨同学回忆:"那会儿是写毕业论文的关键时期,其实我们有几个有点儿不想写,很难有一个好的状态,有点儿"摆烂"。然后我们四个五月的时候就每天视频,从早到晚,四个人开一天的腾讯会议,就相当于逼迫大家一起写,谁都不能落下。"

航空航天系理论与应用力学专业 2018 级本科,后于复旦大学物理学院光学专业攻读硕士研究生的程同学很自豪于自己和其他五位同学组建的"沙雕"群。他们来自五湖四海,在复旦的四年间有人转系,有人入伍,有人挫败,却最终还是凝聚在一起,日复一日地无话不说,成为彼此坚实的依靠。

让公共卫生学院预防医学 2018 级本科生,后保研至本院公共卫生专业继续攻读硕士学位的白同学最有归属感的集体则是国旗护卫队。尽管队员们最常一起做的事是艰苦而枯燥的日常训练,很严肃,但"队里的氛围确实特别好",队友们"平时生活中任谁和谁都可以约着去做什么,都是很随意地组织一些活动或者聚餐,还有比如说过生日",感觉"每一天这一群人都一直在,想起大学就是想起这个队伍"。

和我一起奋斗的"战友"

从前面的章节中已不难发现，上大学是一条充满机会和挑战的成长道路，而与此同时，从来没有哪个剧本规定了成长道路上的艰难险阻都必须一个人独自经受。从访谈中，我们发现，复旦固然也盛产天赋异禀、披荆斩棘的"独行侠"，但更多人的成功则来自同伴间的通力合作，来自他们共同进退、共担风雨的情谊。

在航空航天系 2018 级本科生，后保研至本校本专业继续攻读硕士研究生的钱同学的讲述里，与另两位复旦同学闭关三天三夜，为数学建模比赛攻坚克难的经历，当属其大学生活的顶峰体验：

> 当时大家组团，三个人一组去代表学校参赛。三个人就住到一个同学家里，因为数学建模比赛一共就三天时间，就从拿到题目开始到提交最终的论文，所以我们三个人就住在一起，正好交流，然后就没日没夜地(用)三天把东西做完。
>
> 怎么说呢，(如果要说从中)学习到什么经验的话，倒也没有什么特别深刻的经验，但是那种体验挺刺激的，就是三天时间极限操作，三天时间的极限冲锋。(在)压力非常大、很紧张的情况下，三个人之间的团队合作，我觉得这种经验还是挺有价值的。

当时大家各自安排自己的学习或者突破的方向——谁来负责程序设计，谁来负责文章的撰写等等，三个人怎么协调，当时三个人就是一起扛（这些问题），也不会说出现一个领导一样的角色，就是互相协调，彼此有一种共识，大概就是只能成功，不能失败。那样一种关系，我觉得很有价值，甚至会觉得，我们三个人能够做成一切事情！

类似这种同学合作，在极限时空条件下完成一个项目的体验，在复旦的本科生中并不罕见。比如宣同学就曾和三位室友通宵，在 24 小时之内默契地完成了创客马拉松的 demo，并获得了第一名。这样的经历不仅让受访者们感受到友情的巨大能量，体验到合作的乐趣，更让他们体会到以团队形式进行科研和创新的优势，继而影响他们后续的行为选择。

另外一些学生则因为共同的兴趣和思考的指引而产生合作。国际关系与公共事务学院国际政治专业 2018 级本科生，毕业后赴美国攻读硕士研究生的左同学就曾和一位同学合作，针对 B 站上他们存在共同疑惑的现象成功开展了"曦源项目"的研究工作：

这个项目的主题是源自我跟我的朋友都特别喜欢看 B 站，是忠实用户，而且我们都发现评论区里，网友发的弹幕和评论等表现出的情感两极分化非常严重，同样的视频底下会看到极度正能量的和非常消极的评论。我们就很想知道这是为什么，觉得很奇怪。后来我们就说那做一个研究吧。

我们找到导师聊，老师觉得选题很新，但其实我们也都发现针对的现象和问题不够明确。后来我们两个就讨论，看更多的视频，感觉到网民在宏大叙事和微观叙事，也就是比如说"中国梦"这样的视频和一些 up 主发的记录生活的视频下的情感表达倾向还不太一样。然后（我们）再跟导师聊，就这么一步步地缩小（研究问题），整个过程对我们两个都很有意义，最后（确定选题是）着眼于这个时代的青少年群体。

我们经过讨论，他后来就负责文献部分，我（负责的）就偏设计问卷和访谈提纲，然后记录整个研究过程。（这是）我们第一次全过程地做一个研究，也不说最后做得有多好，但这段经历很有意义；而且讲实话，如果没有他，没有和我这个朋友一起，我可能就是想想，也不会真的做出一个研究。

张同学讲述的克卿书院学生自我管理委员会的故事，则承载着复旦众多学生组织一届又一届的共同努力与传承。她感慨道：

在书院里面，我们会有一个共同的组织目标，我办好每次活动，让组织走得更好，我觉得这些都是归属感。（我们）一起经历过很多很多事，遇到难过的事情，一起哭一哭，遇到开心的事情，一起分享一下。我觉得对集体的归属感更多来自一种大家一起成长，就是一起一路走下来的这么一种感觉。每个人都在不停地进步，每个人都可以看到你的进步，同时我们一起为某一个目标共同努力……到了下一级的新生大会，就是我们入学一年过去以后，我已经站到了台上，作为主持，看着下面的小朋友；其他同学要么是在幕后，要么也是在台前，各自尽责。反正大家都是一起去欢迎下一批的新同学，然后也吸纳新的学弟学妹进入我们的小小团体，真的就（让人）感受到一种传承。一代一代的学生会为书院做出自己的贡献，同时书院也见证着一代一代学生的成长……尤其到（我们那届自管会工作）圆满结束的时候，我们就特别开心。大家一起穿着正装，还有书院服，留了大合照，到现在都还挂在我们群里，非常有纪念意义。

来源：复旦大学克卿书院公众号《携卿同游｜各色桌游欢笑多》https://mp. weixin. qq. com/s/KwriE7Jz7_MQU9fx5UON5A

我敬佩和追随的榜样

在复旦校园里,学习可以发生在任何一个地方,或任何一件事情中,并不必然出现在某些刻意的安排下,也并不必然需要一位正式的老师。在许多访谈中,我们得出这样一个结论:学生从同龄人身上学到的东西可能超过从其他途径收获的。在受访者的回忆中,那些榜样式的同伴带给他们的影响不亚于师长,并且这些影响往往更深地渗透在他们的为人处世当中。因为敬佩,所以追随。

进入演讲与口才协会后,信息科学与工程学院电子信息科学与技术专业2018级本科生张同学遇到一位优秀的理事长,并从她身上学到很多:

> 我能感受到她的坚持,从大四到工作,她都是非常负责。她也会因为工作而痛苦,因为压力大,她非常希望把所有事情都做好。她身上的这种力量让我觉得为了你喜爱的事物去奉献,去投入所有,是一件非常幸福的事情。而且她能做到很好,所以我很敬佩她。这种做到最好的态度,给了我非常非常大的激励。我最开始想要把很多事情做好,就是在她身上看到这种(态度),为了自己坚信的东西,去坚持自己的看法,用理论去充实它们。

这位学姐对张同学的影响不仅体现在做事态度上，也落实在具体的方法中：

> 做事的条理和逻辑，（我）跟她学了很多，包括办大型活动的时候，她会排一个逻辑清晰的时间轴，从前期到中期，到后期，把每个阶段分成宣传、会务、联络，很清楚。把活安排给谁，DDL 在什么时候，怎么样去沟通学弟学妹、主动去了解他们的近况等等，（我）都是跟着她学的。后来我觉得我自己办活动也办得挺成功的，和学弟学妹关系也处得很不错，其实很多都是从她身上学的。因为她，我可以大言不惭地说，我在经过努力之后，很多方面的能力都胜过蛮多人的。

更可贵的是，这位学姐对张同学的影响还延伸到协会活动之外。张同学坦言："遇到需要规划的一些东西，我不知道从哪里下手的，就经常会去问她，然后她会给出一些建议，或者很真实的分享。"她举例说："大三下学期的时候，我去问她是怎么进行职业选择的，她就跟我讲她从美国交流回来之后，从大三下学期开始，如何一步一步地，从一开始做快销行业，然后去咨询公司，接下来去投美团简历，然后去宾利实习，之后再是游戏公司，就是一步一步，如何排除掉自己不太喜欢的东西，最后确定自己想做什么。"这样亦师亦友的情谊令张同学倍感珍惜。

社会发展与公共政策学院社会工作专业 2018 级本科生，后保研至北京大学社会工作专业攻读硕士学位的刘同学的榜样是自己的一位室友。在她的回忆里，这是一位"超级正能量、没有拖延症的学术型人才"。她坦言：

> 我最佩服她的一点，也是我觉得我很需要学习的一点，就是她没有拖延症，她什么事情都是按时完成，还有好多事情她都是提早完成。比如说，可能一门课程的作业是下周交，但她这周就能写完，然后论文的话，比如说期末论文，她可能提前两三周就写完了。（她）当下有什么事情就立即去做，不会拖延，不会像我是拖到 DDL 最后一刻才做的那种，她就是什么事都会提前做好，我觉得这种习惯非常好。

室友的这种自律和勤奋一直激励刘同学向她看齐。这份不拖延的智慧，并不是指一味学习，放弃娱乐，而是要优先、认真地完成更为重要的事情。而且，室友并没有因为自己的优秀和自律而停止关心他人、关注生活，这一点让刘同学感动，她特别回忆道：

> 最开始我们刚分到一个宿舍的时候，那会儿我的成绩还是挺不好的。我记得当时因为我要入党，会有群众评价之类的，辅导员截图给我看，里面有一条是说希望（我）能够好好学习，成绩越来越好之类的，我当时就想应该是她写的。然后我就问她，她说"对，我写的"。她也会督促我学习，虽然我们不是一个专业的，但也会约着一起自习，讨论一些问题，她也会鼓励我。在我自我怀疑、自我否定的时候，（她）很鼓励我。她也会带我去外面逛逛公园、花鸟市场，也会很放松。感觉她无论在学习上，还是在生活中，都是我很好的伙伴。

结语：交付真心，但问值得

如同高质量的师生互动一样，大学里的同伴互动也并不总是自然而然地眷顾每一个学生，并不总是本章所描绘的美好样貌。我们的受访者中也不乏"独行侠"，也有不少对某些同龄人的吐槽，甚至否定。有的时候，学生们也无奈于无法选择自己的室友、同学，也喟叹自己好似与那些最优秀、最闪光的同龄人难有交集。在本章的最后，我们依然希望基于收集的所有访谈材料，为学生们就同伴互动提供一些建议。

首先，不要试图和所有人成为朋友。大学生很多时候确实无法选择自己的室友和同学，无法选择是谁刚好跟你在一个班级、一个社团、一个作业小组里。但实在无须过于纠结这一点，因为这个世界原本便是这样。你需要在意的是打开自己，去用心结交那些值得结交的朋友，与他们共同成长。新闻学院 2018 级本科生，后保研至本院新闻传播学专业继续读研的马同学分享的故事中就同时存在着美好与不太美好的同学：

> 我有一个闺蜜，也可以说是榜样，（我们）是在"复旦青年"认识的，同院不同系。她成绩非常好，我属于那种在新闻方面有一些自己的专长（的学生），比如我会视觉设计、手绘，所以

我们两个的合作很合拍。从大一下的专业课开始,我们经常一起做小组作业,她属于不拖延的,就很靠谱……有一次专业基础课是四个系一起上,我们在同一个小组,跟其他两位同学一起,然后小组合作不是很愉快,因为那两个女生很强势,很想当 leader,但能力本身又不太行,而且她们后期有一段时间甚至就干脆玩失踪。(当时)我和我同学恰好是负责视觉这一部分,就属于工作量比较大(的)。就是(在)这种情况下,我们反而更想一起努力合作,把事情做好。我们就在茶水间通宵做这个作业,(这)属于是我们"革命友情"的真正起点了,哈哈……后面我们又一起打了学院奖的比赛,然后也合作(得)很好,变成了很好很好的朋友。我们都很擅长画画,就是有互相欣赏,这也是一层,后面还会(一起)出去玩,就真的很好。

正如公共卫生学院预防医学专业 2018 级本科生,后保研至本校本专业读研的夏同学在谈到自己与同学间的关系时所说的:"在复旦这些年,(我)变得更加坦然、(懂得)妥协、乐观,认识到自己的不完美。(我)接触的人和事更多,知道了要想和每个人都搞好关系是不现实的。没有变的是自己的善良、热心,尊重每一个人。"

其次,尽管每一段友谊都有它独特的色彩,我们依旧尝试着从所有访谈中提取了以下具体建议:

1. 年轻人渴望被懂得,"无话不说"和"倾听"是受访学生形容好朋友的高频词。反过来说,也许那些最容易在大学里收获友谊和成长的学生往往都是很好的倾听者,是一些懂得"把脚装进他人的鞋子里"的人。哪怕你"社恐",也可以从倾听开始慢慢打开自己。你会发现,他们所说的,你也感兴趣,而你所想说的,同样有人很想听!

2. 不要让"实用"占据你的判断,跟同龄人去吃饭,去打球,去闲逛,去"浪费"时光,让自己放松下来,或许能收获金子般的朋友呢?

3. 不要太习惯于做"独行侠",合作能让你事半功倍,它只是看上去比较麻烦而已。

4. 不要太局限于跟和自己相像的人交朋友,那些不一样的人也一样精彩;大学校园是个丰富多元的世界,来都来了,交些"奇怪"的朋友吧!

5. 不要因为老师年纪大而不跟 TA 做朋友,同样不要因为同学年纪小而不向 TA 学习;所有能让你思考和改变的人都值得珍惜。

第六章　成就最好的自己

来到复旦,不仅意味着你拥有了前文所述及的许多院校资源和支持,更重要的是你拥有了一个自主生长的机会,让你能够成长为独一无二的自己。成为自己,对今天的青年人而言是极其艰巨又重要的课题,它将向你抛出一系列的问题:你是谁? 在这个社会中你想要成为什么样的人? 追求什么价值对你而言是重要的? 你将用怎样的标准来评价你的表现?

在复旦,这些问题不再有唯一的答案。一方面,学校尽己所能地去为每个学生的选择留出空间,弹性空间很大的"2+X"培养体系、转专业制度和自由丰富的选课制度都说明了这一点;另一方面,学生的个体选择在很大程度上得到尊重和接纳,比如,即便一门选修课只有几个学生选,该门课也照开不误。尊重学生个体能动性,在培养中懂得"留白",是复旦作为一所百年学府的独特性格,也辉映着马克思"每一个个人的全面而自由的发展"的理想。

因而,在复旦,"我是谁"的问题终究需要每个个体去探索属于自己的答案。对于 20 岁出头的年轻人而言,这个命题不可谓不艰深,然而它又是极其紧迫的——无论是对几年后毕业出路的抉择,还是对未来漫长的人生道路而言,这一问题的答案会使你对自己的人生有基本的方向感。

然而,进了大学以后,并不会自然出现一条现成的路。在复旦,符合某种想象的"标准路线"更是并不存在。正如多位受访校友都提到的那样,很难去概述一个典型的"复旦学生"的样貌,因为实在是形形色色、千姿百态。一位受访校友坦言道,根据他的观察,"复旦人的追求是多样化的,每个人都有自己的路要走,同时每一条道路都有其可能性,是被允许存在并鼓励的"(夏同学,外文学院）。这种多元包容就是复旦气质。来自物理系的胡同学提出类似的比喻：复旦和学生的关系就如同森林和猎人——复旦是一片茂密的森林，有着丰盛的资源，其中蜿蜒着许多学长学姐走过的小路，后来者要自己去探索这些路，同时也可以开辟出一些新的道路。这个比喻巧妙地暗示着，一所尊重学生的一流学府，给予学生自我成长的个体自由，并发挥着静水流深的支持性作用，最终的目标是学生自身的自主性成长——猎人学习的是自己来决定去森林里寻找什么，并且为此积极利用森林的资源进行一番探索。

　　本章接下来的内容将会揭示，在复旦这片森林里，年轻的猎人们是如何成长为真正的猎手的，他们突破了哪些无形的限制，又如何在重重岔路中探索出属于自己的精彩走法。通过讲述那些交织着惶惑、勇气、懊悔、怯懦、不甘与酣畅淋漓的故事，我们期待为每一位即将进入或正在复旦就读的学生提供一些关于"如何找到自己"的启示，让年轻的读者们在这个看似充满无限可能却也充满惶惑的世界里更加自主，拥有能安放人生意义的"大后方"。

并不存在"标准答案"

被访学生常常提及,自己在复旦被给予了自由生长空间,也因此真正在人群中发出自己独特的光芒。特别是已经毕业的校友们,在回望来路时,这个印象尤其深刻。在接受访谈的 30 余位校友中,有 26 位都不约而同地主动提到,复旦给予的一种自由不拘的精神底蕴对个人的成长影响非常深远。仔细体会校友的解读后,我们发现他们所说的这种"自由"至少蕴涵着三种意味。

首先,"自由"意味着足够多可用的资源,以及丰富的选项与可能性。背靠实力雄厚的上海市和蓬勃发展的长三角经济圈,复旦人从来不缺少各色各样的资源和发展机遇。来自上海青浦的 2021 届校友夏同学毕业于复旦大学西班牙语系,后于西班牙格拉纳达孔子学院任中文教师。在她看来,复旦有宽广的舞台,给予了她自由选择的方向和自由学习的可能,让她拥有了更宽阔的视野,去关心那些她原本充耳不闻的"天下大事",真正带着一种世界公民的关切参与到构建人类命运共同体中来:

> (在复旦的四年)拓宽了我的眼界,让我看到了世界不同的可能的面相。我知道它存在,它也可能会让我之后选择的舞台更大。以前(我)可能会觉得世界上发生的大事离自己很

遥远,但现在,从最切实的程度上来讲,你想,乌克兰和俄罗斯打仗、欧洲电费涨那么多,对我来说就是大受震撼好吗?所以我现在感觉我的个体命运和人类共同体的命运真的是紧密相连的,我觉得只要是在一个包容多元、自由开放的培养体系中成长的人,他自然会关注到他目前生活中(人们)最关切的大问题。

同龄的 2020 届校友王同学虽然来自迥异的成长背景,却也对此深有共鸣。他从湖南的"村小"走出来,以县中第一名的成绩考入复旦材料科学系学习,现在是某世界 500 强知名汽车制造企业的一名工程师。他将复旦比作"一个摇篮",孕育了无限种人的可能性:"你可以有自己的充分的发挥空间,她也不会去限制你的思维,感觉可能从复旦出来的每个人都有自己的一些独特的思想,这个可能反映了复旦在人文思想上的教育。"

其次,复旦给的"自由"还意味着一种底气,一种在世俗成功标准以外去建立人生追求的勇敢,一种"可以做自己"的自信心和不惮于重新出发的气魄。护理学院毕业的王同学坦率地说,无论你是否愿意承认,复旦人的身份本身就是一种底气,是一种先入为主的社会认同与自我效能。因此,"你就有了选择的自由,并永远有重新开始的这种勇气,这真的很好,就是人生任何时候都可以重启,我觉得这种底气是复旦给的"。这种底气支撑着复旦人勇敢地去追求自己的人生理想,哪怕道路是崎岖的。曾任复旦大学校长的杨玉良院士曾在毕业典礼的致辞中用爱因斯坦的一句话勉励毕业生——"不要去尝试做一个成功的人,但是要尽力做一个有价值的人"，提醒同学们不应该放弃对人生价值的追问，醉心于世俗意义上的成功，而是要坚持反思自己对成为一个更好的人的追求。在受访的同学和校友身上，我们常常看到这种独立的精神。

2018届校友沈同学最初是作为基础医学院的本科生被录取到复旦的，到了大二，他因专业兴趣淡漠而转专业到公共卫生管理，大三又赴日本北海道大学进行了一年的交流访学，延迟一年毕业后申请了伦敦政治经济学院的金融硕士，之后在某知名券商工作两年，仍觉得该工作的未来走向与自己想要挖掘的方向不符，于是又重拾行囊，决定辞职读书，于美国计算机科学排名前20的东北大学攻读计算机科学硕士。兜兜转转，他还是选择离开世人看来很难得的金领职位，踏入了一个自己更感兴趣的领域，虽然还不确定接下来的方向，但他相信自己正走在对的路上，"至少这是一个更自由、更值得去探索的领域"。

一路上方向频繁更迭，这让沈同学听上去像个传奇的冒险家，而他却告诉我们，正是复旦宽容的培养环境让他内心向往自由，让他有勇气如壮士断腕般地转换方向："其实我做的这些决定，包括我中间转了这么多专业，如果没有（复旦）这样一个环境，我其实可能连第一步都踏不出去。而且（我）感觉身边不管是老师、学长学姐，还是同学，当你有需要的时候，还是始终有善意在你身边，我觉得这也是我能做到这些的底气吧。"

回望复旦生涯，沈同学提到最多的词就是"愉快"，虽然经过了山重水复的探索，但复旦在专业选择、培养方案，甚至修业年限方面给予学生极大的自由度，让他觉得整个大学时光的回忆都是愉悦的。他将复旦比作他人生中一轮轻柔的月亮："她没有这么直接地照着你，或者强制性地去让你接受什么样的观点，反而是轻轻地笼罩你，在你可能睡觉的时候或者不知觉的时候，慢慢地影响你。她自己就是这样一个环境，你慢慢在里面就会发生变化。"

除此以外，复旦给的"自由"还意味着开放包容的心态和多元发展的文化氛围。在这个焦虑的时代，复旦仍然保有一种兼容并包、润物无声的静气，以她广博的胸怀接纳着各色各样的人，并给他们留下多元化发展的空间和余地。习近平总书记指出："人，本质上就是文化的人，而不是'物化'的人；是能动的、全面的人，而不是僵化的、'单向度'的人。"在复旦，这种对人的主体地位的尊重并非一句空话。

"并不是只有学习好的学生才会在复旦受欢迎。你听过那句话吗？复旦是一座花园，任何奇葩都可以绽放。"2018届校友张同学用肯定的语气告诉我们。她出生于河南某国家级贫困县的一户农家，通过贫困专项招生计划被录取到社科试验班，现在是中部某省省会城市政府办公室的一名青年骨干。初来乍到时，她不免为自己与其他同学看似不在同一"起跑线"而暗自神伤，"那时候我就觉得我什么都没有，我好像什么都不是很擅长，和其他同学差距很大"，她一直努力，却在学业成绩上连连受挫，与奖学金也失之交臂。然而，她渐渐发现学业并不是大学生活的全部，除了学业，还有更多的发展空间可以去开发。她表示："后面我完全地放开了，去参加社团生活、去听课，大学生活过得很丰富，我还修了第二专业，我发现我的风格可以很自由，对于学业这块虽然有遗憾，但是觉得这并不意味着我大学很失败，反而觉得我大学很成功。"

根据张同学对同班同学的观察，她的"成功"并非个例。复旦近年来的本科生培养方案改革一直致力于为学生提供多元的、个性化的发展路径，体现在个人经验上，这就是一种即使同班也路径各异的"百花齐放"的观感。"我觉得我的同学们都挺成功的。这并不是说大家都偏向于成为某种社会精英，而是最终毕业出来，大家都是散作满天星，在各自的领域里面发光发热。复旦给我们的这种导向一直都不是说你去挣大钱或者是你去做什么，反而是你自由地发展你自己，然后做一些对社会更有意义的工作。"回望来路，张同学了许多淡然，她意识到，自己其实一开始就不必去焦虑，因为"在这里，每个人都能找到自己的路，而且最终你会发现，虽然每个人志向不同，最终大家都做得不错"。

一定程度上宽松自由的培养环境固然是一种难得的发展自我主动性的契机，却也对学生的自驱力、独立性、目标意识，甚至抗逆力等非认知能力提出了更高的要求。

没有人在一开始就知道自己要成为什么样的人。对这个问题的每一点理解，都需要一边把思想的触角打开，一点点向外延伸，一边对内反思而得来。大学四年，特别是在复旦这样一个开放包容的培养环境中学习生活，恰恰可能是一个人一生中思考这一问题的最天时地利的机会。法国思想家帕斯卡尔说："人必须认识自己，即使这无助于发现真理，也至少有助于经营个人的生活。"在当前冷峻的就业形势之下，此言可谓是切中肯綮。对于今天的年轻人而言，在大学里找准自己人生的发展方向，已经不仅仅是一个哲学层面的教育理想，更是衔接劳动力市场的内在要求。于是，发展对自己的认识，了解自己的热情与长处，探寻适合自己的发展道路，并勇敢地成为那个向往的自己，就成为了一个核心的挑战，而克服挑战之后,人生能走得更坦然,也更好和更远。

对大学有过切身体会的复旦学生们对此早有共识。在每一个访谈接近尾声之时,我们曾请受访的学生谈谈自己对未来学弟学妹们的忠告。毕业后赴巴黎修读复旦大学与巴黎政治学院的"全球事务中的欧洲与亚洲"硕士双学位项目的包同学是2022届"毕业生之星",他提出了这样的忠告:

> 明白自己要什么还是很重要的。这不是指你每次做决定都要急匆匆的,要你立马有个答案,而是说你内心要坚定,自己以后要走哪条路?它的总体方向是什么样的?在这个过程当中,你可以接受复旦和这个社会提供给你的各种资源、渠道,但是你不要被这些资源牵着走,而是说(让)它们为你所用,(成为)更好地提升自己的这样一些助力。你还是要比较坚定地做自己。

成为你自己,意味着建立自己的价值坐标系,意味着你对人生怎么过有自己的一套想法,并且愿意为此付出长期的实践。这是一种面对人生的主动姿态,与之相对的,是守株待兔、路遇伯乐的侥幸,或者索性放弃努力的"躺平"心态。必须承认,对于刚到弱冠之年的青年人而言,认识自己、建立属于自己的价值坐标系是一个艰难的任务,并非进入大学就能很快意识到这一点,还有同学忙于学业或其他事务,并没有在这一看似"重要而不紧急"的任务上花功夫。

目前任复旦大学上海校友会秘书长助理的2018届国务学院校

友张同学带着遗憾反思自己毕业后的经历。她细数自己在"黑天鹅"事件的轮番冲击下，五年换了三份工作、三个行业，却怎么也找不到一个令自己满意的位置，其实直到现在也没有想清楚自己想做什么。她对于没有在大学期间思考自己的方向而感到有点后悔：

> 当初自我感觉过于良好，大学四年没有把握机会去想清楚自己到底要什么，我可能只想（到）说我不想再在一个学术的环境里，但是等你投身了就业市场之后，你会发现你根本不知道自己要什么，尤其是你是文科生的话，你做的只能是那些"万金油"的工作。然后我这种从业的经历也是乱的，非常不利于后续的就业，因为人家会觉得说为什么你不仅仅是跳槽，你是连行业都换了。

不过，亡羊补牢犹未晚。在她看来，这些经历也并非一件坏事，她告诉自己停下来、慢下来，花时间把一些重要问题好好想清楚。"让自己沉下来，从待人接物、从生活的点点滴滴中去沉淀自己。"张同学说，"人生还是很长的，还是可以好好规划的，不需要这么急吼吼地做决定。"

在成为自己的路上，有的人终于能够放下某一种"成功"和"优秀"的执念，收获更加真实而有意义的生活；有的人选择了那条少有人走、却最符合内心召唤的小路；也有的人体悟到"平凡"的日常令人敬畏，愿意孜孜不倦做好"普通人"。总之，成为你自己，意味着在成年早期勇敢地去追问那些人生的大问题，从而对自己的生涯之路做出不后悔的选择。

从"习惯性优秀"中破茧而出

对于很多复旦学生而言，保持"优秀"早已成为了一种习惯，一种内化于心的标准，他们要求自己凡事不做便罢，要做就要做到评价标准当中的最好。无尽的烦恼也是从这里开始的。当他们感到自己没有做到最好的时候，往往会产生极大的压力、焦虑、自我否定，甚至厌世的情绪。在复旦，很多竭尽全力去追求极致表现的同学会遇到这样的情绪震荡，但渐渐地，当一些大学经历帮助他们突破了自己对这个世界和自身的固有理解的时候，他们开始学会松弛下来。

岳同学生长在上海的一个工程师家庭，从小学到高中都一路就读于沪上名校。用她的话说，那时的她生活在一个"理所当然"的优秀者的世界：

> （当时的我）就会觉得很多事情都是理所应当的一样，就会觉得说我现在这一步（走得很好），我下一步也走得很好，我就会觉得这很正常，这是我应得的。那时候你有一个很确定的目标，不管是爸妈设定的，还是这个社会设定的，比如说可能高中就是你考进（年级）前 50 名，你高考多少分。你怎么达到这个目标也非常地确定，就是说我就把这些知识全部都学

上,然后可能多多操练,我就可以达到这个目标。

对于复旦附中毕业的她来说,被复旦录取只算得上寻常表现,这激起了她一定要在大学里"证明自己"的雄心。从大一开始,她就自觉地踏上了"卷学习"的赛道,"每天都在看书,我记得'十一'假期一共有七天,我闷在家里看了五天书,把一个专业课的书给它看了一大半"。现在回过头来想,她其实并没有在享受那个"自鸡"的状态,"其实是一种比较焦虑的状态,总害怕自己做得不够,所以一直在逼自己,主要还是为了满足外部的期待"。

当大一上学期结束,她如愿获得了名列前茅的绩点时,她总算向外界证明了自己。目标达成之后,她却陷入了另一种"失重"的境界:在复旦见识了更多样的人和事之后,她忽然意识到,大学里似乎不再有一个确定的目标了,"(我)发现这个目标本身不是确定的,可能还有其他的目标也很好,而且你也不知道该怎么去达到,你只能自己去探索,有时候可能自己也探索不出来……"她感到一种无力的迷茫,在大二下学期陷入了情绪的低谷。

那个学期在她的记忆中只剩下一片混沌,唯一残存的记忆是在那个学期曾疯狂地打一款手机游戏,"不认真学习,还往(游戏)里充了挺多钱,反正有几千块钱吧……现在回过头想就会觉得,这个简直就是把钱打水漂,实在是太愚蠢了"。她直言有点后悔那样过完了那个学期,整个人状态很不好,是一种很焦虑的状态。"不过,"她意味深长地笑了,露出了属于哲学人的幽默,"如果没有那段时间疯狂打游戏还充钱的话,我就不会认识到给游戏充钱是一件多么愚蠢的事情"。

到了大二,岳同学甚至开始怀疑自己要不要继续学哲学专业。她参加了国务学院同学组织的读书会,接触了马克思主义,也开始去做自己感兴趣的实习。当时又恰逢突如其来的疫情,这一切让她领悟到,现实中的世界远远比她熟悉的那个更大、更不确定,而自己一直以来享有的机会和资源也并非全是自己的功劳。她重新意识到自己需要哲学,发现生活中很多现象需要经过真正意义上的思考。她开始重新思考复旦人这个身份意味着什么:

> 我习以为常的那些情况并不是理所应当的,我会意识到说,我能够进来(复旦),其实可能不只有我自己的努力,很大程度上是一些外部的运气因素。对,我会想这个问题。我有一个同学,他可能特别自豪(于)"我是复旦附中的人",他也特别自豪(于)"我是复旦的人",每天都在朋友圈各种发,我就会觉得他有点缺乏反思,他每天都活在复旦附中的世界里面,那是一个很小、很安全,但是我觉得有一点狭窄的世界。

她开始寻求复旦心理咨询中心的帮助,在咨询师的支持下,她沉睡的自我意识慢慢觉醒了,开始有了更多的自主性,自信心也增长了。到了大四,她毅然放弃了本系的推免保研机会,而是申请远赴德国慕尼黑大学继续修读哲学。虽然有些忐忑,也不确定未来会怎么走,但她说自己"不会后悔。因为如果说继续(在复旦)读研的话,(我对)整个环境非常熟悉,肯定会继续在舒适区里面。我其实有点害怕,我就一直按照这么顺畅的路走下去,我是不是其实忽视掉了很多可能隐藏的东西"。在复旦发现了"隐藏世界"之后,她再也不能允许自己一直生活在自己的茧房里。虽然她现在也还在摸索自己未来的发展方向,但在她的路上,她确信自己已经出发了。

我想去的高处

在探索成为自己的道路上，很少有人是一帆风顺的，总要经历几番辛勤的探索和试错，也总有一些人在终于发现了自己想要的东西之后，发现通往目标的路似乎格外周折，自己要为此花费更多的功夫。正如诗人罗伯特·弗罗斯特的名句："一片树林里分出两条路——而我选择了人迹更少的一条，从此改变了许多事情。"在复旦，人们相信发现自己"走错"方向的年轻人永远有折回头再出发的机会，也有很多人因此而增长了极大的勇气，怀揣着自己好不容易寻获的梦想，离开大路，踏上一条或许少有人走、却令自己安心的路。

从医学助产士到古典音乐电台的青年乐评人，是 2017 级校友王同学破釜沉舟之后的选择。高中时看的美剧《实习医生格蕾》激起了她对医生职业的钦慕之情，所以报考了复旦的护理学院助产专业，然而在真正进入专业学习之后，她发现自己对医学的爱更像是"叶公好龙"。大一的新鲜劲过了之后，大二的她开始进入一个痛苦的挣扎期，"那个时候比较压抑，整个人内分泌失调，然后心脏也不舒服，精神状态也不太好"。

渐渐地，当她看到身边很多同学都很勇敢地去做一些在家长眼中"离经叛道"的选择时，她的胸怀也变得宽了起来："有一点豁然开朗的感觉。你最早在读书的时候，你只知道读书这一个选择，但是当你有一天发现你可以去工作，你的工作方向有千万种，而且看到了身边（有）很多已经看到（这件事）的人，就会变得勇敢。我身边很多的 case 告诉我，你要去找到自己热爱的事情，然后坚持下来去做，而不是说你要去找到一个对的地方。"

虽然她也清楚，助产士收入不低，工作也很稳定，特别是对女孩子来说，属于"普世意义上的好工作"，但她告诉自己，"如果有一个人是这样子，我会为她欢呼喝彩的，但她不是我，这不是我的选择"。她必须要自己走出一条路来。

王同学喜爱古典音乐，从高中起就是沪上一个古典音乐电台的忠实听众，她也曾在里面实习，长期兼职撰稿人。可以说，她生活的第二条线索是经由古典音乐展开的。出于对古典音乐的热爱，她大一就加入了复旦团委学生艺术团（以下简称"团艺"），并一路做到了常务副主任，负责组织筹备过多场艺术活动。王同学在复旦最难忘的就是她和团艺小伙伴们一起熬夜赶工的日子，用她的话说，"一起熬过一个大夜，大家就是过命的兄弟了，一起经事儿，一起玩"。

她曾考虑通过跨专业保研的方案转到传媒行业，以后从事与音乐相关的媒体工作。但后来与一位教授的深入对谈让她认识到，去研究音乐、听懂音乐，并且可以写出专业、精彩的乐评和更多人分享，是比去学习如何做新闻采访更让她期待的事情，"因为我觉得能讲明白古典音乐，能和两三百年前的人去共鸣，让他们离我们没有那么远，是很了不起的"。于是，她索性放弃了还差临门一脚的保研机会，决定备考上海音乐学院古典音乐专业的研究生。

她把这个选择称为"孤注一掷",进入了紧凑的备考生活。不料,迎来的却是考研复试的挫败。

短暂的失落后,在同伴们的鼓励下,她决意二战,选择了间隔一年专心备考,可二战还是没有成功。她也曾一度为就业焦虑,甚至为此考取了教师资格证,让自己多个备选项。二战考研失败后,她去了一家做戏剧的创业公司工作,却仍然不尽如人意。就在她身心俱疲、意欲辞职时,上海人民广播电台向她抛来了橄榄枝,她接受了邀请,出任了古典音乐栏目的新媒体项目主管。从高中至今十年有余,这个栏目已经成了王同学生活的一部分,陪伴她走过了一段段低落的时光,现在成了她承载热情与梦想的方舟。她总算成了一个真正的青年乐评人,这是上大学以来最令她骄傲的事。

回望来路,她也并不为此前的周折而后悔,"至少我在忙的事情是我想去做的,而不是我必须要去做的"。虽然她也不十分确定乐评人是否是自己终极的热爱,但她至少朝着自己的方向迈出去了这一步。她告诉我们,正是这些在复旦的日子,在团艺的点点滴滴,让她更了解自己,让她学会了承认自己的有限,也学会了不在意别人的眼光,勇敢走自己的路:"大家会慢慢给你确定这种自信,然后会相信说,对的,你的东西就算不一样,它也是可以被接受的,就是你可以去包容别人,别人也可以来包容你。"

她回忆起当时和团艺小伙伴讨论毕业晚会策划时,有一个同学讲了一句:"其实我觉得复旦是让我们从不同走向更不同。"这瞬间让所有人豁然开朗,"我们本来就是不同的人,不用强行去找共鸣,每个人都会成长成他自己的样子"。

另一个团艺成员,来自物理系的胡同学,正是提出"森林和猎人"的比喻的人。他不仅见证了王同学的柳暗花明，自己也有一个故事版本。从表面上看，他是典型的一开局就把一手好牌打烂的例子。虽然他从高中开始就对物理有着浓厚的兴趣，也如愿被复旦自然科学试验班录取，但从第一个学期起，他就遇到了大学里最大的挫折——因为难以适应大学课堂的风格和失恋而陷入严重的情绪问题，导致第一学年成绩倒数，在专业分流中失去了选择的主动权，最终无缘物理系。"那时候绩点只有一点几，当时情绪很崩溃，整个人很恍惚，看不进去书，打游戏打得也蛮多的。想多了，会让自己心态崩掉。"他一度进入了一种"自闭"的状态，不想认识新朋友，有意识地逃避社交，"觉得自己给人家留下了好多负面印象"。

但是他没有放弃希望，对物理的初心还在那里。他痛定思痛，决定转专业。因为大一绩点太低，要满足转专业的要求是不容易的，他主动选了不少物理系的专业课，想要赶上进度，也给自己报了个校外的钢琴班，帮助自己疏散情绪，但情绪问题导致的注意力涣散还未完全恢复，那个学期的成绩还是未见起色。但幸运的是，他遇到了一位热心关注有意转专业的学生的物理系老师，参加了他为这些学生组织的讨论班，受益良多。他慢慢走出了情绪的泥淖，终于在大二下学期如愿转进了物理系，即使需要降级也在所不惜。他在"大二 2.0"阶段重新建立了自信，这种自信和先前依赖外部评价而获得的自信不同，是"绝处逢生"之后的一种笃定——知道任何情况下总是有出路的，这是一种对自我价值的更加内在和稳定的认知。他退掉了很多课外活动，更加专注于物理。虽然绩点仍然不好看，虽然基础不佳的他学起专业课来会有些吃力，但他对物理一直有着勃然的兴趣和志向,支持着他为了"学到真东西"而学。大三时,即使知道选修那些难度大的"硬课"会无益于提升绩点,他还是选了,"无所谓给分好坏,我是真的学到了我感兴趣的东西,这是我大学学业上收获的最大的价值"。他还选了不少感兴趣的计算机方向的专业课,也积极利用网络自学。大四时,他决心继续在物理系深造,可惜考研结果以几分之差惜败。他最后决定在上海市人工智能实验室担任科研助理,学做"人工智能＋物理"方面的科研工作。他考虑先间隔一年,下一年继续考研。虽然道阻且长,他自己却感到内心充盈,用他的话说,"仿佛走在康庄大道上"。

回想起来,胡同学最感谢的是复旦的老师。在他大一身陷低谷的时候,是老师对他智力成果的认可给了他"起死回生"的信心——没想到,自己贡献的解题思路能被老师欣赏,还能被写入课程讲义。这种被接纳的感受化作了前行的力量,让他从无止境的自我怀疑和外界确认的失败处境中抽出身来,一步一步地向着自己的志趣走去。

以敬畏面对"平凡普通"的生活日常

　　名校光环之下，复旦学生却学会了面对"平凡普通"的日常。这需要深刻的自我认识才能做到，因为名校的头衔往往意味着偏高的社会期待，而这种社会期待在自我缺乏主体意识的时候往往会变成一种绑架，让人不得不去奋力追求让众人瞩目的某种模样。留在复旦计算机学院继续攻读硕士学位的刘同学坦白自己的切身体会："你从这个学校出去的话，你本身就会面对很高的期待，大家对你的预期是不一样的。所以我会一直纠结于如何面对这种预期。如果你能够很好地处理对你的这些期待的话，可能会活得自由一些。"诚然，不是只有聚光灯下的人生才有价值。在我们的访谈中，不乏愿意承认自己的"平凡"，并安于"普通人"生活的同学。这并非是一种无奈的妥协或近乎"躺平"的颓废姿态。《大学》说，"知止而后有定"。在过度追求自我提升的当下，能意识到自身的限度和脆弱性，却仍然愿意拥抱那似乎平凡琐碎的生活，这种态度不啻是另一种英雄主义。或许更有一种英雄主义，是在平凡琐碎的生活中仍愿牢牢地扎根大地，向阳而生，在平凡的世界中活出一番别样滋味。

　　历史学系王同学走过这样的历程，从只管考试的"小镇做题家"蜕变成了能够深入反思自身的所知与存在价值的人，毕业后在本校文物与博物馆学系读研。从河南农村一路苦学进入复旦之后，他一度因为自己局限的见识和蹩脚的英文感到压力剧增，看着身边忙碌而优秀的同学，他却仿佛"触摸不到大学生活的灵魂，每个学期都是一个忙碌的轮回，我好像不知道怎么去探索这样的大学生活"。

他决定换个环境，让自己有沉思的机会，选择在大一结束后入伍两年。他回忆："部队里面的生活是日复一日、年复一年的重复训练，其实更为枯燥和无聊，但虽然身体累，心里面却很放松。"在这期间，他学会了慢下来，专注于每时每刻，并意识到需要给枯燥的生活创造和赋予意义。在与战友相处的日子里，他慢慢打破自己的"傲慢和偏见"，开始反思自己一直以来对价值的看法："虽然去部队当兵的很多都是农村的孩子、不知道好好上学的人，学历也都不高，但（我）跟其中一部分人相处还是挺好的，从这个时候我开始觉得，权力、财富和知识这些东西都不能成为一个人对他人带有偏见或傲慢的正当理由。你为什么要尊重一个人？他有人格就够了。"

当他学会了以一种更悲悯的眼光看待他人时，他也学会了这样看自己，于是自然地对这个世界生发出了谦卑和敬畏的心。他也由此意识到，不用去过于关注外在表现，"虽然这些东西也是这个社会秩序所依存的东西，但我觉得不管别人怎样，我应该按照自己的想法来生活，回归到塑造自己的内心"。

两年后再回到校园，王同学选择不去投入那种"卷"的氛围，但他仍然伸出触角，尽力吸取，保持开放的态度去了解新的领域。他积极投入各种志愿服务活动，让自己与象牙塔外的世界有了很多联系,让他对世界的认识突破了原有的狭小空间;同时他也花心思读书修课,老师在课堂上的讲演、富有启发性的通识课程,甚至党小组的马克思主义经典著作读书会,都深深地启发了他。他还选修了一门横跨华东六校的人工智能方面的第二专业,"以前是只读书,不去感受生活,现在更多就是来体察生活的一种状态"。慢慢地,他对生活的观察力和敏感度加深了,并且越发意识到自己智识的局限:

> 其实(人)了解得越多,可能越不敢笃定某一件事情,不确定性就更加强烈。如果把视野一直只放在一个专业上,感觉(这)对于整个世界的了解还是不充分的。如果是了解更多,比如说更多的人、更多的事情,包括更多的专业,(了解那些)可能与自己本专业毫无关系的一些东西,就越是觉得自己一无所知。有这种思想的转变之后,我会觉得很多东西都具有一种不确定性,自己不能轻易地去给出一个判断、给出一个结论。

历史学严谨的学科思维训练也让他在研究中体会到了敬畏。他的学位论文做的是与青铜有关的文物研究,"我需要分析某一类青铜器背后的文化内涵、它所体现的历史的趋势等等,这样来分析,但是我就会在一边写着自己的东西,一边质疑着自己——这只是自己推测的一种东西"。他不断地提醒自己保持谦卑,不可狂妄。在和我们交谈时,他也不断提醒我们,语言是不完备的,很难把所有想法全部准确地描述出来。在他看来,文学、电影这些艺术形式,都是对于现实的一种不完全的归纳,"其实生活本身就是一种艺术,一种作品"。

他申请了推免直研,留给自己更多的时间探索日后的生涯方向,有种慢条斯理的从容感。当谈起对未来理想生活的憧憬,他告诉我们,上大学以前会觉得,自己要成为一个很厉害的人,而现在的自己只想做一个能过好自己生活的普通人:"能过好自己的生活,然后处理好自己身边的事情,我觉得这样的人生其实可以了。我觉得(自己)以前想的可能不切实际,而且太过理想化。毕竟怎么说呢? 普通人才是整个社会的基础。当然,有想法去做更大的事情是好的,但如果每个人在自己的生活中去支持一种善的社会制度,我觉得是这个时代最重要的东西。"在复旦的日子里,王同学已经发展出了自己的哲学,让人不禁想起毛泽东思想振聋发聩的提醒:"人民,只有人民,才是创造世界历史的动力。"享受作为一个普通人的生活,不轻看自己,为追求善而用力发出自己位置上的一小束光,这是一个复旦普通人的生活美学。

"'你一出生就注定了你肯定会死去。'我很喜欢史铁生的这句话。"2018 级医学院临床八年班的蒙古族姑娘张同学跟我们聊起了她在复旦的"普通人"心境,"所以我觉得,向死而生,抓住机会去体验人生的每一天就好了,复旦也真的是给了我这样的一种环境,真的很给我自由,尤其在北区生活,比如说我晚上有的时候会在外面看电影,很晚才回去,也不会把我关在校外,门口也永远都会有保安在那里,只是保卫你的安全。还比如说,(如果)你想要参加什么会议,或者是去看什么讲坛,偶尔还会在光华楼里办,所有你能想到的社团复旦也都有,你可以任意地去选择"。

但张同学并未滥用这种自由。作为医学生,张同学需要孜孜不倦地在许多枯燥的课业上下"笨功夫"。她曾经历过学业上的挫折,"虽然也没有挂过科,但是每一门的成绩都不是很理想"。在此期间,她很感谢复旦"2+X"的通识教育,给予了她专业学习以外的新鲜调剂,她甚至因为情绪郁闷而专门选修过一门心理学课程,令她颇受助益,"如果没有大一大二的通识教育,我可能之后再也不能追上来了"。

从十岁时一次生病住院的经历开始,她就梦想当一名医生。现在负笈杏林,她时常被传道授业的老师们眼中的光所震撼:"这些老师都给人一种他们极其热爱他们现在所干的事业和他们所选的方向的感觉,他们讲课的时候眼睛在发光。"她也会时常惊讶于身边同学们出众的能力和自信,不过在她看来,复旦的培养给了她一种"他强任他强,清风拂山岗"的淡定心态,也让她学会了一步步突破自己。她自认不是同学中能力和天分最强的,但她接纳这一点,一步一个脚印地朝属于自己的方向走去。性格腼腆的她,报名了复旦大学主持人大赛,她为此感到骄傲,虽然没有拿到奖项,但能和那些在台上闪闪发光的人做朋友也很不错!她也在勤工助学机构光华公司待了一学期,"当时我在北超,是一个小小的收银员,平时和同学聊聊天,慢慢胆子就大了,有点存在感了,说话不脸红了"。进入大三,课业变得艰深,她一门一门地"啃",竟也走得平稳,甚至颇有几分渐入佳境的意思。"虽然说我现在绩点不高,但是我所有的课程还是能够听得懂的,因为我学过了,我记过的,认认真真学过的。在我看来,我觉得成绩高不高不要紧,只要我真的在努力,我真的在学就好。"她进入了老师的课题组,也申报了本科生科研项目，目前正认真地考虑选择以外科作为自己的主攻方向，"虽然妈妈担心外科要动手术，一站要好久。但前阵子老师跟我们讲起急诊室，一位老师跟我们讲，他是第一批去武汉支援（新冠肺炎救治）的医生，我觉得好敬佩他"。即使没机会驰援武汉，她平日里也会去中山医院做导诊台志愿者，尽己所能去帮助一个个普通人顺利就医。她想象自己十年后成为了一名"普普通通的医生，也许偶尔能主一次刀，做一些小型的手术"。虽然很佩服那些医学界的领军人物，但她还是希望自己至少能"做一个普通的、平凡的、为人民服务的医生，为别人的健康保驾护航"。向下扎根，向上生长，是张同学的平凡之路。

结语：一点勇气，成就日月光华

正如上文所表明的那样，即使同在复旦这一片校园，不同人成为自己的方式也是五花八门，各有千秋，几乎谈不上什么规律。大抵也正因为如此，那讲述个人成长的一个个故事虽然曲折，却有着摄人心魄的魅力，启发着年轻的心灵。如果人生是一次长跑，每个人都要为自己设定目的地和配速计划，并且迈开双腿，一路坚持。这个过程没有人能够代劳。复旦通过搭建和匹配尽可能优良的操场和教练，让每位学生都更有方向和底气。

如果我们非要从受访者的经历中归纳出一点可称得上是"经验"或者"规律"的东西，那可能是一点勇气，去开启属于你自己的内在探索之旅。到了大学，你需要一点勇气去走出你的舒适区，利用大学提供的资源和机会，去勇敢地拓展自己的认知边界。或许你一直以来都将"优等生"作为一个强有力的自我认同，现在你需要勇敢地去探索更多种建立自我认同的可能性。当你的选择经过了自我价值的探索，无论你的努力是诉诸科学研究，是投身公共服务，抑或是扎根于"平凡"的工作日常，你的人生就拥有了继续前行的勇气，你人生的小船在航程中也有了一种定力，不至于随波逐流或是被风浪掀翻，而是照着自己想去的方向行进，最终成为世人眼中的日月光华。

附录一：复旦本科生教育资源

复旦团委青志

微信公众号；青青子衿，志在我心。一起当好"志愿者的志愿者"，让更多同学的志愿服务身影在百年复旦的漫天星空中熠熠生辉！

公共艺术课堂

微信公众号；来自复旦叶耀珍楼 503，隶属团委学生艺术团。高雅与流行并重，品位与时尚兼修；以"推广高雅艺术文化，引领流行艺术风尚"为宗旨。

人文相辉

微信公众号；丰富多彩的文化活动在复旦，日月光华同灿烂。

复旦文化校历

微信小程序；集结复旦大学全网资讯，随时了解校园文化活动动态。

复旦生涯

微信公众号；了解复旦就业指导中心发布的各类招聘、实习以及宣讲会信息；了解生涯发展知识。

复旦大学基层就业服务协会

服务于有志赴基层部门工作的复旦学子，为复旦学子与基层校友搭建交流平台。

复旦国协 FDG210

由复旦大学学生职业发展教育服务中心及国际组织协会运营的国际组织职业发展和信息平台，集实习招募、能力培训和管理服务功能于一身，同时承担复旦"荣昶学者"项目、国际组织人才培养输送工作（上海）高校联盟等的信息发布任务。

复旦大学校友总会光华生命健康分会

新媒体平台,传播生命健康领域"产研医"的最新知识与进展,促进产业界、科研界、医疗界的跨界交流与合作。助力母校发展、助力校友成功、促进行业发展、造福社会大众。

旦夕(已更名为"校园助手")

复旦树洞、包含校园生活服务相关信息的 APP

复旦通识

微信公众号；宣传复旦大学通识教育理念及实践，关注国内外通识教育动态。

复旦大学外文学院大英部英文写作中心(Fudan English Writing Hub)

为复旦大学在校学生提供英文写作及交流的支撑服务，是紧密依托和对话国内外写作教学前沿研究的创新型服务团队。

青书馆

青书馆以"学术书店"为基本定位，以"学科原典、学术前沿"为核心理念，倡导青年养成与阅读相伴的生活方式。书店由复旦学生自主运营，复旦各个院系的研究生和青年教师组成"荐书员"定期推荐"学术类"和"非学术类"新书，目前店内存书2000余本。此外,青书馆围绕"青年·阅读·实践"定期举办系列文化活动,包括但不限于 Y Movie、Y Talk、Y Exhibition、Y Play。让我们一道在实践中阅读,在阅读中实践!

阿加德默

由学生团队自主创办运营的学术活动空间,根据学科划分为柳叶刀、形而上、结构洞、或与非、暗物质和赋比兴六个主题空间。复旦师生可以通过微茶厅小程序线上预约发起或参与各类学术讨论或交流活动,在这里产生思想的碰撞。

附录二：拓展阅读推荐

1. 德雷克・博克(Derek Bok)：《回归大学之道》,候定凯译,上海：华东师范大学出版社。

2. R. J. 莱特(Richard J. Light)：《穿过金色光阴的哈佛人》,范玮译,北京：中国轻工业出版社。

3. 安德鲁・阿伯特(Andrew Abbott)：《大学教育与知识的未来》,王桐、陈嘉涛译,北京：生活・读书・新知三联书店。

4. 兰德尔・柯林斯(Randall Collins)：《文凭社会》,刘冉译,北京：北京大学出版社。

5. 斯基普・唐宁(Skip Downing)：《如何让大学在一生中发挥最大作用》,孔雅兰译,北京：北京联合出版公司。

6. 郑雅君：《金榜题名之后：大学生出路分化之谜》,上海：上海三联书店。

7. Jay Phelan, Terry Burnham. *The Secret Syllabus: A Guide to the Unwritten Rules of College*. Princeton: Princeton University Press.

8. Jessica M. Calarco. *A Field Guide to Grad School: Uncovering the Hidden Curriculum*. Princeton: Princeton University Press.

9. Lindsey Pollak. *Getting from College to Career*. New York. HarperCollins Publisher.

10. Kate L. Turabian. *Students' Guide to Writing College Paper*. Chicago: University of Chicago Press.

11. Stephen Palmer, Angela Puri. *Coping with Stress at University*. London: Sage Publications.

附录三：研究工具

复旦大学本科生满意度调查问卷

高等教育研究所2014年在参考国外成熟的问卷基础上，与校内相关部门协作，主持设计了复旦大学本科生满意度评价指标体系。同时考虑到研究型大学学生的独特性，设计了顶峰体验指标，评价学生感受到的融会贯通、和谐统一及自我提升等超越感。2015年、2017年问卷延续使用了这个满意度评价指标体系，2019年、2021年、2023年根据教务处建议进一步完善了指标体系，在教学培养、学习状态、学术环境满意度增加了学生对培养方案、教学资源、学业规划、实习实践安排等题项。持续性本科生满意度调研已经成为复旦大学促进本科生教育质量提升的重要实证参考。

满意度指标测量采用李克特5点量表法，有"非常同意""比较同意""一般""不太同意""很不同意"和"不适用"6个选项，前5个选项分别对应"100""75""50""25""0"。得分越高，表明学生越满意。

四个一级指标的满意度计算是基于每个维度单项指标的算术

平均。由于单项指标缺失基本不超过1‰，四个一级指标满意度的计算基于无缺失的单项指标。因此样本数在总报告中各满意度维度的分析中不会由于少数学生没有回答个别问题而产生变化。

调研全面采用电子问卷发放方式。电子问卷于五月中旬通过信息办电子平台向全校本科生发放，两周后再次发放。以下为2019年满意度调查问卷节选。

同学你好！2014、2015、2017年本科生满意度调研的结果为学校近期工作提供了重要参考。今年再次调查希望了解我校本科生对在校学习和生活情况的满意程度，为学校继续改进工作提供依据。此次调查需要占用你几分钟时间，我们将对你的信息严格保密，数据仅作研究之用。

谢谢你的参与！

高等教育研究所　复旦大学复旦学院

一、你对复旦的教师教学情况满意程度如何？

序号	内容	非常同意	比较同意	一般	不太同意	很不同意
1	我对本科生课程体系结构*总体上满意					
2	我对所上过课程的质量总体上满意					
3	我对教师的教学投入程度总体上满意					

序号	内容	非常 同意	比较 同意	一般	不太 同意	很不 同意
4	我对教师的教学方法总体上满意					
5	我对教师提供的教学资源总体上满意					
6	我对助教的工作总体上满意					
7	我对师生之间的交流互动情况总体上满意					
8	我对课程考核方式总体上满意					
9	我对老师给分的公正性总体上满意					
10	我对拔尖创新人才培养总体上满意					
11	我对所在专业的培养方案*总体上满意					
12	我对所在院系参与本科教学的师资力量总体上满意					

* 课程体系结构:指学校各种课程类型及具体科目的组织搭配情况,现行课程体系由"通识教育课程+大类基础课程+专业课程"组合而成

* 培养方案:指所在院系为本科生提供的课程修读计划,规定所修专业课和基础课的门类、修课次序、学分设置等

二、你对自己的学业状况的满意程度如何?

序号	内容	非常同意	比较同意	一般	不太同意	很不同意
1	我对自己的学业发展规划总体上满意					
2	我对自己的学习投入总体上满意					
3	我对自己的自主探究性学习*总体上满意					
4	我对自己获得的学业指导*总体上满意					
5	我对自己所使用的校内在线资源总体上满意					
6	我对上过的课程课业难度水平总体上满意					
7	我对上过的课程课业量总体上满意					
8	我对同学间的合作学习*总体上满意					
9	我对自己参与的各类实习、实践活动总体上满意					

* 自主探究性学习:指学生从探究中主动获取并应用知识的学习方式
* 学业指导:指来自所有渠道的学业指导,包括来自教师、学长学姐等的指导
* 合作学习:例如与同学合作完成小组作业或课堂展示、合作复习课程内容、分享学术资源与信息等

三、你对复旦学术环境的建设情况满意程度如何？

序号	内容	非常同意	比较同意	一般	不太同意	很不同意
1	我对书院生活总体上满意					
2	我对学校的信息化建设*总体上满意					
3	我对学校图书馆总体上满意					
4	我对学校教学楼总体上满意					
5	我对所在专业的教学实验室条件总体上满意					
6	我对所在专业的教学实验室开放使用情况总体上满意					
7	我对所在专业的实习实践教学安排总体上满意					
8	我对奖学金制度总体上满意					
9	我对学校的教学管理*总体上满意					
10	我对所在院系的教学管理*总体上满意					
11	我对复旦的校园学术氛围总体上满意					
12	我对复旦的学术声望感到骄傲					

* 信息化建设：如校园无线网络、一卡通管理系统、Ehall 系统、E-learning 学习平台、URP 登陆系统、邮箱系统等
* 学校的教学管理：包括注册、大类分流、转专业、学籍管理、选/退课管理、考试成绩管理和毕业资格审核等
* 院系的教学管理：包括专业课程的课务、教务管理、教学实践活动组织及基地管理等

四、你对在复旦的校园生活满意程度如何?

序号	内容	非常同意	比较同意	一般	不太同意	很不同意
1	我对学校校园生活保障体系*总本上满意					
2	我对宿舍及生活园区总体上满意					
3	我对学校的食堂总体上满意					
4	我对学校的体育场馆及配套设施总体上满意					
5	我对学校的文化艺术氛围总体上满意*					
6	我对学校和院系的学生工作*总体上满意					

* 校园生活保障体系:指学校提供的包括心理辅导、医疗保健、保卫、助学帮困、就业辅导等一系列帮助解决学生生活困难的服务体系

* 学生工作:包括辅导员、班团组织建设、奖助学金、信息服务等

五、你在复旦求学期间是否有过以下体验?

序号	内容	非常同意	比较同意	一般	不太同意	很不同意
1	我感到进大学之后有了一种完全不同于高中的全新学习体验					

序号	内容	非常同意	比较同意	一般	不太同意	很不同意
2	和知名教授的近距离接触让我切身感受到学术的感召力					
3	亲身参与学术研究让我感到创造性工作带来的快乐					
4	我在学术活动中取得的学术成果(包括未发表的成果)让我感到很快乐					
5	国际交流经历拓宽了我的学术视野					

本科生访谈提纲

基本板块	主要问题
入学前后	1. 请简单介绍一下自己。 家乡在何处,成长在什么样的家庭,从小到大的教育经历
	2. 上大学前,你和你的家人对高等教育/大学教育有什么想象或期待?
	3. 你是如何进入复旦的? 为什么选择复旦和你的专业/专业大类?
	4. 来到复旦之后,和你预期的一致吗? 实现高中到大学的"节奏"转换,你用了多久? 有什么印象深刻的过程吗? 5. 在你看来,大学和高中有哪些不同之处,其中哪些方面是让你感到比较难应对的? 复旦对你实现从高中到大学的转换/过渡有什么帮助吗?

基本板块	主要问题
大学整体经历	6. 请你详细回溯在大学的每个学期和假期，你是如何度过的？
专业	7. 出于什么原因学了这个专业？是否喜欢？为什么？ 8. 你的专业是干什么的？你认为自己所学的专业有价值吗？在什么意义上有或者没有？ 你刚才提到的对你专业的这些认识是如何建立的？
课程	9. 在你概念中，学业或者说修读一门一门的课程这件事在本科教育中有多重要？（在什么意义上重要？）为什么。 10. 你们专业的培养方案大致是怎么样的？（课程、实习、实验等等）你认为你在复旦接受了充分的专业教育吗？ 11. 大学四年，你选课的基本思路是怎样的？在选通识课和专业课时各有什么考量？ 12. 总体来说，你会如何评价复旦注重通识教育、并将通识和专业教育相结合的课程体系设计？请结合你自己的学习经历举例说明你的看法。 你认为自己通过通识教育在经典体悟、品识力跨学科视野、践行力各方面是否获得了什么收获呢？ 以你的体验来看，你认为复旦（包括院系、老师、课程）想要办的通识教育是什么样的？是否有一个共识，什么样的共识？ 13. 你在复旦上过什么印象深刻或收获很大的课吗？仔细讲讲你体验到了什么。好课好在哪里？相反的，你上过觉得"糟糕的课"通常又是什么状况？ 14. 你是否有上小班课的经历？让你收获比较大（或比较糟糕）的小班课经历是怎样的？ 15. 你认为现在推行的 2＋X 修课方案怎么样？总体来说复旦的课程建设还有哪些可改进之处？
教师	15. 复旦的教师给你留下了什么印象？辅导员呢？行政老师呢？ 16. 你心目中的好老师是谁，Ta 是怎样的？
社交与集体	17. 你喜欢复旦的同学们吗？与身边同学关系怎么样？有没有一个集体让你觉得有归属感？

基本板块	主要问题
	18. 你大学这几年有没有交到很好的朋友? 你们是如何相识的? 详细说说其中1—2位,他们是怎样的人,对你有何影响? 19. 我们还想听听你对书院生活的看法。你如何评价书院这个集体? 就你的体验而言,你认为书院是否承载了特殊的教育意义? 什么样的意义? 举例说明。 我们一开始提到过家庭。那么家人在大学这几年与你的互动怎样? 他们在你的各种选择中扮演了什么角色吗?
课外生活	20. 在复旦的这几年里,你课外的时间是如何度过的? 与校外的世界关系紧密吗? 21. 你认为这些活动对你而言的意义是什么? 它们带给了你什么? 22. 你觉得大学中学业与课外生活的关系应该是怎么样的? 23. 网络世界在你学习、生活中的作用/影响是什么? (包括在网络上的社交、知识获取等等)尤其这两年疫情之下,一些线下的活动或交流都移至线上,你感受到的变化有哪些? 你认为这对你的大学教育有什么影响?
挫折与顶峰体验	24. 在复旦的这几年,你是否经历过一些时刻让你觉得自己特别有成就感、价值感、幸福感? 这些经历和复旦的教育有关吗? 挑选一两次这样的体验,给我们详细说说。 25. 在复旦的这几年,你遇到过最大的低谷(挫折)是什么? 你是如何度过的?
毕业与规划	26. 你是从什么时候开始考虑毕业后的计划的? 你的计划发生过改变吗? 为什么? 27. 你目前的选择或计划是什么? 进展到哪步了? 你的生涯选择或规划是否受到他人影响,比如某些榜样或很佩服的人? 能详细说吗? 28. 在很远的未来,你希望自己成为什么样的人? 过着怎样的生活? 每个人都生活在特定的历史进程和时代背景之下,在你看来,你生于一个怎样的时代? 你怎么看待自己与时代的关系?

续　表

基本板块	主要问题
总结	29. 我们发现不同人对复旦的归属感不同，你很强烈地觉得自己是复旦人的一分子吗？如果请你用一个比喻去形容复旦之于你的意义，你会把复旦比作什么？ 30. 你认为存不存在一种复旦（人）的文化特征/气质？如果存在，是怎样的？你是否欣赏这种东西？ 31. 在复旦的这几年，你发现自己发生了哪些方面的变化？不变的东西又是什么？（变化归因于哪儿） 32. 你刚进复旦的时候对学校各方面都满意吗？你当时满意/不满意的地方主要有哪些？你现在对复旦的满意度有变化吗？为什么？ 基于你的经历，你会如何建议未来的新生更好地度过大学本科？ 33. 基于你的经历，你会如何建议学校更好地发展本科教育？

校友访谈提纲

背景信息

1. 可否请你跟我们介绍一下自己，包括基本的成长经历、教育经历、工作经历？

2. 您当时为何选择复旦？在校时对复旦有何印象？有没有什么印象深刻的事儿？

毕业后经历以及复旦的影响

3. 可否谈谈您从复旦毕业之后的经历，以及您在复旦的经历对毕业后发展的影响？

4. 您觉得从成长的角度来说，毕业后的这一系列经历将您塑造成了一个什么样的人？是您自己希望成为的样子吗？复旦对您的成长有什么影响？

5. 有没有一些复旦的影响是当时读书的时候浑然不觉，但往后越来越察觉到的？

6. 可否跟我们讲讲那些铭刻在您记忆当中的复旦人？

7. 毕业了之后，有没有保留和复旦的一些长久的联结？

对复旦教育的反思

8. 关于复旦精神气质的理解

- 如果请你用一个比喻去形容复旦之于你的意义，你会把复旦比作什么？

- 你认为存不存在一种复旦（人）的文化特征/气质？你是否欣赏这种东西？

9. 你觉得复旦在哪方面还存在明显的不足之处？对复旦的明天有何期望？对未来学生"如何过好大学生活"的建议？

图书在版编目(CIP)数据

追寻心中的日月光华:复旦本科生的故事/马莹,
牛新春主编.--上海:复旦大学出版社,2024.10.
ISBN 978-7-309-17656-8

Ⅰ.K828.4

中国国家版本馆 CIP 数据核字第 2024U4U550 号

追寻心中的日月光华:复旦本科生的故事
马 莹 牛新春 主编
责任编辑/杨 骐

复旦大学出版社有限公司出版发行
上海市国权路 579 号 邮编:200433
网址:fupnet@fudanpress.com http://www.fudanpress.com
门市零售:86-21-65102580 团体订购:86-21-65104505
出版部电话:86-21-65642845
常熟市华顺印刷有限公司

开本 890 毫米×1240 毫米 1/32 印张 9.75 字数 210 千字
2024 年 10 月第 1 版
2024 年 10 月第 1 版第 1 次印刷

ISBN 978-7-309-17656-8/K·842
定价:48.00 元